数学家传奇丛书
主编：杜瑞芝

坎坷奇星

——阿贝尔

$$ax^5+bx^4+cx^3+dx^2+ex+f=0$$
$$(a\neq 0, a,b,c,d,e,f\in R)$$

刘玉成 张秀媛 杨忠伟◇著

哈尔滨工业大学出版社
HARBIN INSTITUTE OF TECHNOLOGY PRESS

内容简介

本书主要讲述了著名数学家尼尔斯·亨利克·阿贝尔的传奇的一生。他成功地证明了一般五次方程不可能用根式求解——这个困扰数学界二百多年的难题,开创了研究近世代数方程论的道路。作者以精炼、成熟的笔法为我们展现了命运坎坷的阿贝尔那超出常人的才智和锲而不舍的钻研精神,及最终以其短暂的生命为数学史留下的灿烂光辉的成就。

本书史料翔实,写得深入浅出,通俗易懂,可供广大青年及对数学史感兴趣的读者阅读。

图书在版编目(CIP)数据

坎坷奇星——阿贝尔/荆玉成,张秀媛,杨忠伟著.—哈尔滨:哈尔滨工业大学出版社,2018.2(2020.9重印)

(数学家传奇丛书)

ISBN 978-7-5603-7095-8

Ⅰ.①坎… Ⅱ.①荆… ②张… ③杨… Ⅲ.①尼尔斯·亨利克·阿贝尔(1802-1829)-传记 Ⅳ.①K835.336.11

中国版本图书馆 CIP 数据核字(2017)第294241号

策划编辑　刘培杰　张永芹
责任编辑　张永芹　杜莹雪　聂兆慈　李　丹
封面设计　孙茵艾
出版发行　哈尔滨工业大学出版社
社　　址　哈尔滨市南岗区复华四道街10号　邮编 150006
传　　真　0451-86414749
网　　址　http://hitpress.hit.edu.cn
印　　刷　三河市同力彩印有限公司
开　　本　787mm×960mm　1/32　印张8.5　字数120千字
版　　次　2018年2月第1版　2020年9月第4次印刷
书　　号　ISBN 978-7-5603-7095-8
定　　价　48.00元

我将不会死亡，我的大部分会逃脱死神；我将永生，仍然活在后代的赞美声中。

——贺拉斯(《颂歌》)

他给数学家们留下了足够他们忙上五百年的东西。

——埃尔米特(法国数学家)

人总是要死的，但他们的业绩应该永存。

——柯西(法国数学家)

《数学家传奇丛书》编委会

序　言

我与杜瑞芝教授是多年的朋友。她受教于梁宗巨先生,专长为世界数学史研究,著作多多。她主编的一本《数学史辞典》,是我常用的工具书。进入新世纪,我们陆续退休,联系就少了。不久前,她打电话到我在上海苏州河畔的寓所,邀我为她主编的《数学家传奇丛书》(新版)作序。老友相托,深感荣幸。

数学,是人类文明的火车头。人类文明的第一个高峰是希腊文明。从泰勒斯、毕达哥拉斯到欧几里得,数学理性文明大放异彩。柏拉图学园的门口"不懂几何学者不得入内"的告示,彰显了数学文明的地位。欧几里得的《几何原本》是仅次于《圣经》的印刷量最大的欧洲出版物。我国把徐光启和利玛窦翻译的《几何原本》作为近代理性文明的开始。人类文明的第二个高峰，是以牛顿为代表的数学和物理学所开辟的科学黄金时代。接着，电磁学方程、热力学方程、流体力学方程、拉普拉斯方程书写了第三个现代文明，而爱因斯坦方程的基础则是黎曼几何。开启今日信息时代文明的仍然是一群数学家，其中有提出电子计算机结构方案的冯·诺依曼，信息论的创始人尚农，控制论的奠基人维纳等。展望未来，人类文明正在迈入"大数据、互联网、人工智能"的新时代，数学在其中依然起着引领的作用。未来的人类社会，许多体力和脑力工作都将被机器人所承担，但是数学智慧是机器人不可能全部掌握的。数学将越来越引人瞩目。

我在这里写数学之重要，是希望争取更多的读者，共同追寻数学的踪迹，研读数学家传记，汲取数学家人生的智慧经验，以迎接新时代的到来。在这套丛书里，展现了数学历史长河上一段又一段美妙的风景。丛书用 9 个数学家的传记，打开了从 19 世纪到 20 世纪数学发展的绚丽篇章。这些数学家的故事都是永恒难忘的经典,读后或令人掩卷深思,或令人拍案叫绝。总之,那会是一次领略数学智慧的阅读之旅。

康托尔的故事感人至深。他孤身一人,撞开了无限王国的大门。他给无限依大小排序,提出了基数论与序数论。那时,不但无人喝彩,倒招来一些非议。例如,无限集合中的部分可以等于全体,与常识相违。罗素提出的集合论悖论,让数学的天空布满乌云。"一切集合构成的集合"让人困惑不解。康托尔承受了重大的精神压力,抑郁大半生。但是,真理终于战胜了疑虑。时至今日,集合论的语言已经渗入到几乎所有的学科,包括中学相关学科。康托尔是人类精神世界里的战士、英雄和伟人,世人将会永远纪念他。

给我留下难忘印象的还有维纳的故事。这位控制论的奠基人,是一位神童。也许是因为思维过于敏捷,表述跟不上思维的速度,因而他讲课别人实在听不懂,不受欢迎。我醉心于他的是"反馈"概念的提出。原来他观察人去捡落在地上的铅笔,过程是脑指挥手接近铅笔,眼睛观察手与铅笔的距离和方向，并将数据反馈给大脑，大脑据此做出下一步给手的指令。反馈的概念，就这样成了控制论的基础。

如果说，康托尔的故事是告诉人们向未知进军需要巨大的勇气，那么维纳的故事则是教给人们如何获取科学灵感，展示科学智慧的来源。人物传记正是在"敢于"和"善于"向数学进军这样两个方面，用一些感人的细节给人以教育和启示。

数学史不能只局限于古代数学史，了解数学家也不能只局限于古代数学家。这套丛书除了有康托尔和维纳的传记之外，还包括了大家熟知的历史上最重要的数学家之一——高斯的传记。更令人瞩目的是收录了两位名垂青史的女数学家柯瓦列夫斯卡娅和埃米·诺特的传记：前者勇敢地与命运抗争，终于在男人称霸数坛的 19 世纪取得一席之地；后者大器晚成，一生专注数学，心无旁骛，以创立抽象代数学名垂数学史。本丛书还记录了两位命运坎坷的天才数学家阿贝尔和伽罗瓦，他们以短暂的生命为数学史留下了璀璨的光辉。还有以迷开始又以迷结束的电脑先驱图灵及游走全世界的、有"数学莫扎特"美称的数坛怪侠爱尔特希的传奇人生。

数学家传记出版得不是多了,而是少了。君不见,清华附小的小学生用大数据的排序算法,分析了苏轼诗词中用字用词的规律。大数据时代的数学正在渗透到日常生活的方方面面。可以预料,数学家传记的读者群也会越来越大。

写了一些感想,权作为序言。

张奠宙

2017 年 10 月

于沪上

原版序言

这是一套以传记文学形式介绍著名数学家生平的丛书。本来是要请家兄钱临照写个序言，他对科学史有研究，也热心支持科学家传记的写作，但是他已年逾九十，不便握笔写作。所以，他给我谈了些他的想法，勉励我代他写这个序言。

我对数学只有很肤浅的知识，但是我明白，数学这门学科对人类文明的发展实在是太重要了。在大多数学科里，一代人创造的或树立的东西，往往被下一代人所更新或推倒。只有数学，前人创造的成果都能为后人所用，而每一代人都是在以前的“建筑”上添砖加瓦。今天，像我们从事技术科学或工程建设的人，有谁能离开前人创造的数学知识呢？不仅如此，前辈数学家的治学精神、思维方法和奋斗经历对于从事科学技术工作的人来说，也是非常有教益的。

本丛书所展现的数学家，有的是开拓者，披荆斩棘，勇往直前；有的是继承发扬者，博采众长，继往开来。他们或少年早慧，头角峥嵘；或中年发愤，大器晚成；或天资聪颖，才华横溢；或天性鲁钝，以勤补拙；或步踏青云，皓首穷经；或屡遭坎坷，英年早逝；或生于名门，独树一帜；或出身贫寒，困苦玉成……总之，他们从不同侧面给我们以启迪、思考和奋发图强的力量。

本丛书的主编杜瑞芝教授是一位年富力强的数学史专业工作者，她在从事专业研究的同时，还有志于从事这种看似简单实则很不容易的数学史传播工作，是值得称道的。各分册的作者都是多年从事数学史和数学教育研究的高校教师。他们在研究数学家生平、学术贡献的基础上，注意探索数学家成才的因素、成功的契机，还特别记述了那些超出常人、能够动人心魄的事迹。各分册还配有数学家的肖像，以展示这些大师的精神风采。

本丛书具有较强的知识性、趣味性、可读性与普及性，对广大青年读者增长知识、开阔视野、陶冶情操，并立志献身科学是大有益处的。

钱令希

1998 年 10 月

于大连

前　言

在数学发展的历史长河中，涌现出许多杰出的数学家。他们的发明创造是推动数学乃至科学技术发展的巨大动力，是人类文明的宝贵财富。没有数学家和广大人民群众的辛勤劳动，就不可能有今天高度发展的数学。然而，长期以来数学抽象的结构、艰涩的推理与枯燥复杂的算式，使得数学家好像与外界隔离开了。外界的人们，特别是年青的一代，觉得数学家是那样刻板而神秘，似乎远离尘世喧嚣。而数学家却很少受外界干扰，在数学王国里钻研得津津有味，自得其乐。著名数学家罗素（B. A. W. Russell，1872—1970）在学习欧氏几何时感慨道："我没想到世界上竟有如此有趣的东西。”数学大师陈省身说:“数学好玩。”可见学习和研究数学给他们带来了无穷的乐趣。这种数学家与外界相隔离的现象即使在数学高度发展、已几乎渗透到人类社会活动的一切领域的今天依然存在。

其实,数学家既是数学王国的主人,也是食人间烟火的凡人。怎样使人们走近数学家,了解他们的科学贡献、成长道路和个人品格,把数学家作为一个个活生生的、有血有肉的人,展现在读者面前,这应该是数学史家与数学教育工作者的任务。

经过认真的思考和多方的努力,我们尝试建立一条连通科学、历史与文学三者的纽带。在20世纪末,我们在哈尔滨出版社的支持下试图推出一套传记文学形式的《中外数学家传奇丛书》,以宣传数学家的事迹,激励年青一代投身科学。但是由于某些困难,仅在该社出版了三位中国数学家的传记,其余八位外国数学家的传记由山东教育出版社陆续出版,定名为《数学家传奇丛书》。该丛书问世后,颇受广大读者,特别是青年读者的欢迎,并很快售罄。为进一步满足广大读者的需要,同时也为传播数学文化做出新贡献，哈尔滨工业大学出版社决定推出新版《数学家传奇丛书》。新版除了对原丛书各分册做了适当的补充与修订外，又增加了《抽象代数之母——埃米·诺特》一册。

编写《数学家传奇丛书》是一种尝试，在国内还不多见。因此，难免会有这样或那样的不足，希望广大读者批评指正。同时，我们也十分热切地希望这项工作能得到广大数学工作者和科普工作者的关心和支持。让我们携起手来，为繁荣我国的数学事业，提高全民族科学文化素质而努力工作。

在新版丛书出版之际，我首先要特别感谢先师梁宗巨先生(1924—1995)。我于20世纪70年代末成为梁先生最早的研究生之一，是他引领我走上学习和研究数学史的道路，他严谨的治学态度始终影响着我。今年是先师去世22周年，愿以这套丛书聊表追思情怀。

原丛书的写作与出版曾得到中国数学会数学传播工作委员会以及中科院两位资深院士钱临照和钱令希的支持与帮助。钱令希先生在百忙之中亲笔为丛书作序，他关于数学科学的精辟见解，对于每一个数学工作者来说，都是一种激励。

新版丛书，很荣幸地请到了中国数学家、数学史家、数学教育名家张奠宙先生作序，令人感动和鼓舞。先生十分重视数学史知识的普及和数学文化的传播，他对数学重要性的阐述给了我们很大的启迪，在此对张奠宙先生表示衷心的感谢。

还要感谢哈尔滨工业大学出版社副社长刘培杰先生和编辑室主任张永芹同志的积极策划和鼎力支持，同时感谢为丛书付出大量辛勤劳动的各位编辑同志。

杜瑞芝

2017 年 10 月

于大连

目 录

序幕 巨星陨落

1829年4月5日，在挪威南部阿伦达尔城的弗罗兰小镇，静谧的夜空早已挂满了无数颗亮晶晶的星星，它们或大或小，彼此不相靠近，都在各自的位置上散发出迷人的光芒。宁静的小镇笼罩在如此醉人的夜色中，愈发让人困意绵绵。辛勤耕耘、劳累了一天的人们也都早早宽衣解带，裹着星星，裹着甜蜜渐入梦乡。街道上已散尽一日的喧闹，杂乱的店铺也已清扫干净归入平静，就连平日不安分的狗儿今夜也懒得叫上几声，唯恐惊扰了主人的好梦。一切都因夜的降临而变得寂静起来。

19世纪的欧洲充斥着战争与饥饿，连年的战火已使善良的人们陷入极度的恐慌之中，死亡的威胁一步步接近，没有人说得清什么时候上帝会提前召见自己。在这个纷乱的社会里，人们默默地与命运展开殊死的搏斗，不过人类文明的脚步却并未因此而停滞不前，相反，欧洲文明在以一种前所未有的姿态向前发展。然而，远离战场硝烟与城市文明的弗罗兰小镇似乎一直都沉浸于安乐祥和的自我封闭中，人们静静地享受造物主赐予他们的良辰美景。凉爽的清晨、娇艳的午后、红润的黄昏，还有那迷人的夜晚，无不让小镇上的人们感激大自然的恩惠。尤其在今夜，闪烁的星光更把小镇装点得格外醉人，劳累的人们和着柔柔的暖风静卧在大地的摇篮中。

此刻，在小镇的一户人家里，一位年轻的姑娘却久久不能入睡。她叫克雷利·肯普，是这户人家的女"管家"。昏暗的烛光映照着小屋的四壁，在她的睡床上，正躺着一位年轻的小伙子，他已经睡着了。小伙子高高的鼻梁、瘦削的脸、一头金黄的卷发，苍白的脸上透着几分秀气。他叫尼尔斯·亨利克·阿贝尔（N. H. Abel，1802—1829），是肯普的未婚夫。六年前他们就订婚了。从第一次见到阿贝尔开始，肯普便深深地爱上了他。肯普知道，阿贝尔是个坚强、有责任心的小伙子，18 岁就承担起了照顾母亲、哥哥和 5 个弟弟妹妹的重任（哥哥患有神经衰弱，一生不能工作）。他十分聪明，尤其在数学上更表现出少有的天赋。肯普经常听到周围的人夸赞阿贝尔是个“天才的数学家”,这让她感到无比的高兴,还有什么能比别人称赞自己亲爱的人更让人兴奋不已呢！尽管肯普不懂数学,在她眼中数学只不过是一些她看不懂的数字、符号或图形罢了,但这似乎并不妨碍肯普用全身心去爱着阿贝尔。两人在一起的日子是多姿多彩的,他们一起滑雪、堆雪人、打雪仗,他们还经常讨论他们的将来。阿贝尔给肯普讲数学界的大师们,讲自己在学校的许多有趣的事;肯普也给阿贝尔谈她的生活见闻,以及小镇上人们对阿贝尔的看法。和阿贝尔相处的那段日子,肯普感到特别的轻松和快活,即使阿贝尔去欧洲大陆访问了,肯普只要回忆那些往事,就总觉得阿贝尔并没有走远,他就在她的身边。然而严酷的现实却不得不让肯普封存起甜蜜的回忆:阿贝尔患上了肺结核病。

“这怎么可能呢？他还年轻,他才只有 26 岁啊！”听到医生的诊断,肯普的心都快要碎了,她怎么也想不到这几年的朝思暮想盼来的会是一张触目惊心的死亡判决书。肺结核病在当时就是不治之症,谁沾染上这种病,就无异于被下了死亡通知书。死,只不过是个时间问题罢了。

夜深了,可肯普怎么也无法入睡。从阿贝尔病倒到现在,她已经伴着阿贝尔度过了近百个不眠之夜。她怕极了,她害怕一觉醒来,阿贝尔已撒手而去。每当阿贝尔睡去的时候,肯普总是在床边默默地望着阿贝尔,仔细地端详着他的脸,她觉得这样做心里会踏实很多,至少不用担心亲爱的人会忽然离她而去。然而在今夜,星光满天的深夜里,肯普却有一种不祥的感觉,她感到阿贝尔要离开了,她再也见不到阿贝尔了。想到这儿,肯普几乎都要哭了。站在窗前凝望远处高耸的教堂,肯普的脸上挂满了忧伤,她虔诚地朝着教堂的方向默默地为阿贝尔祈祷。她这样做已经不止一两次了,但这似乎没有起多大的作用,阿贝尔的病仍在一天天加重,可肯普相信上帝会被她的虔诚所打动,阿贝尔一定会好起来的。

“主啊,仁慈的主啊,求求你救救我的阿贝尔吧。他是多好的一个人啊,他年轻、善良、诚实。自从父亲去世后,阿贝尔就担起了照顾全家的重任。他当过家庭教师,也向人借过钱,家庭的贫寒使他尝尽了人间的苦果,他没有过上一天的好日子。他从来没有放弃过对美好生活的追求，他拼命地学习数学，他爱钻研数学前辈们没有解决的难题，他甚至还去了欧洲大陆寻找他的梦想。主啊，仁慈的主啊，阿贝尔是多么热爱生活，热爱生命啊！他遭受到法国那些权威们的不公正对待，即使是在国内，他也同样不被人重视，阿贝尔已饱受了种种的不公平。主啊，难道您就眼睁睁地看着阿贝尔受人冷眼而不理，甚至还要把他从我身边抢走吗？主啊，仁慈的主啊，我只求您不要把他从我身边带走，没有了阿贝尔，我一个人活着又有什么意思呢？主啊，求求你救救我的阿贝尔吧，救救他吧。”

肯普说完，眼泪如决堤的洪水夺眶而出，她已经难以克制住自己脆弱的感情了，三个月来的苦闷全都倾泻了出来。也不知什么时候，阿贝尔醒了过来，他一见到肯普在掉泪，赶紧从床上下来，走到肯普的身边关切地问道：

“你怎么啦？肯普，出什么事啦！你为什么哭呢？”

“啊，亲爱的，没，没什么呀。我只不过一看到外面的星星，就想到明天天一亮，它们就都不见了，心里有一点难过罢了。”肯普没想到阿贝尔这时候会醒来，而且还看见她哭了。这三个月来，肯普一直强忍着悲痛努力克制，不让自己在阿贝尔面前哭泣。她要让阿贝尔知道，没有什么能把他们分开。肯普当然明白这一切都是徒劳的，可是她能忍心让自己心爱的人因为自己而加重病情吗？除了撒谎，她还有什么别的选择呢？肯普极力编造出一句谎言来掩饰自己内心的伤痛。

阿贝尔当然明白这其中的道理，肯普为了他已付出太多太多，她分明已瘦了许多，这一切阿贝尔看在眼里，记在心里。这三个月来，阿贝尔想了很多，他觉得自己不久将要离开人世了。在更多的安静时刻，在他精疲力竭试着要工作的时候，却像一只夕阳残照下病弱的老鹰，意气消沉。从那时起，阿贝尔就知道自己日子不多了。而今夜，这种预感更加强烈了。阿贝尔心里装着许多话还要对肯普讲。

“亲爱的，只要你没事我就放心了。这三个月来你为我忙这忙那，不断给我信心与力量，使我的生命延续到现在。”仰望窗外的星斗，阿贝尔继续说道，“在这段时间里，我想我的工作，想我的家人，但我想得最多的却是你。这些年，为了我和我的家人，你付出了一切，可我却未曾带给你半点幸福。我本来以为回国后我们的生活会有所改观，可命运却时常在捉弄我，我已感到上帝就在不远处召唤我，恐怕我跟你在一起的时间不多了。”

“不！”一听到阿贝尔说出这样的话，肯普情绪有点激动，“我不要听你说出这样的话，我相信你一定会好起来的，会好起来的！从订婚的那天起，我便发誓今生今世都不会离开你。只要你真心爱我，能和你在一起便是我最大的幸福，我还能有什么奢求呢？答应我，亲爱的，不要再胡思乱想了，好吗？”肯普几乎是带着哀求的腔调说道。凝视着阿贝尔苍白的脸，她觉得这个世界对待阿贝尔是多么的不公平啊。18岁时，阿贝尔的父亲就过早地去世了，照顾母亲、哥哥和5个弟弟妹妹的担子自然就落在了他的肩上，他心甘情愿地负起了这个突然而至的责任。温和乐观且对自己很有信心的阿贝尔那时就能为全家的生活提供一定的保障了。他给私人授课，尽他所能做一切事情。阿贝尔可以说是一个很成功的教师，要是他能随心所欲，贫穷绝不会使他伤透脑筋的，任何时候他都能想到办法为他自己简朴的生活挣到足够的钱。背上压着 7 个人生活的担子,父亲离去时又耗掉了家里大半的财产,阿贝尔对此从不抱怨,而是把这一切看作可以轻而易举地克服的日常生活的一部分,并继续利用每一点空闲的时间进行他的数学研究。在那些艰难困苦和拼命工作的日子里,阿贝尔为自己播下了置他于死地的疾病的种子……想到这儿,肯普真希望患病的是她而不是阿贝尔。

此刻,阿贝尔心乱如麻。肯普恳切的请求使他不得不考虑该不该把下面要讲的话说出来,他实在不愿意伤肯普的心,他太爱她了。可是阿贝尔心里真真切切地知道,他活不长了。从欧洲大陆遭到冷遇带着失望回国后,他既没有找到工作,也没有争取到奖学金,有的只是大量的债务,靠做家庭教师以及朋友的接济勉强维持生计。在那段期间,肺结核病已经不止一次两次地发作了。他不顾健康状况的恶化,仍废寝忘食地写着文章。1828 年他和肯普在一起度过了一个愉快的暑假,圣诞节时他又不顾在严寒中旅行的困难,坚持要到弗罗兰来看望肯普。在到达弗罗兰小镇时,他已开始发高烧,但还是以很高的兴致参加了家庭圣诞庆祝聚会。就在度过了欢乐的圣诞节,等待回奥斯陆的雪橇时,他突然大量呕血,肺结核病又发作了。这一次,他被击倒了。虽然在肯普的精心照料下他顽强地支撑着,但如今,他已经支撑不下去了,吐血的现象是无法回避的事实,他必须得为肯普的未来着想。阿贝尔当然希望自己能够活下来,并能跟肯普一起走进庄严的教堂举行婚礼。或许未来的生活会有一些清贫,但他坚信凭他的努力,再加上肯普的勤劳,他们的生活一定会过得相当美满的。然而几年的风风雨雨已使他体验到了世态的炎凉。动荡的社会,饥饿的年代,还有那些自恃清高的所谓权威的数学家们已把他童年时对世界美好、单纯的梦击得七零八落。两年闯荡欧洲大陆的经历明明白白地告诉他:醒来吧,年轻人,这个世界并非如你想象中的那么简单,走出你童年的梦幻,睁大你的眼睛好好面对这残酷的现实世界吧,回避是只属于弱者的表现。“是啊,到了现在这种时候,我还有什么顾虑呢?”阿贝尔心中默念着,“为了肯普,我必须把埋在心里的话全说出来。”阿贝尔深情地说道:

“我亲爱的肯普，我希望你能静下来好好听我说下去。我知道我这样说可能会伤你的心，可你也知道我是多么爱你呀。当我的病发作时，我常常有要垮下来的恐惧，害怕自己支持不住，就再也见不到你了。不管是晴天还是阴天，我总感到透不过气来，似乎只有尽量深呼吸才好受些。我的胸部越来越痛了，一种毛病止住了，另一种毛病又犯了。持续地发烧已使我浑身无力，我告诉自己，如果真的有一天我会康复的话，我一定要好好地陪你，和你在一起的时间真的太少了。无论是在柏林还是在巴黎，我都无法抹去对你的思念，我是多么爱你啊。数学占据我一半的生命，而你同样也占据了我另一半的生命，没有了你，我的世界又有什么意义呢？要说的话实在是太多太多了，我现在只希望你能够答应我一件事，那就是……”

阿贝尔还想继续说下去，肯普已经用手轻轻把阿贝尔的嘴给捂上了，因为她看见阿贝尔的额头上直冒汗，汗珠已顺着阿贝尔的脸往下滑落。肯普掏出手帕替阿贝尔擦掉额上的汗，然后十分怜惜地埋怨阿贝尔道：

“亲爱的，你看你，都病成这个样子了，你还要说那么多的话，有什么事能比你的身体更重要呢？等你病好了，我愿意天天坐在你的身边听你讲个够。我们还可以去爬山，去看夕阳，去做我们想做的事。今夜，亲爱的，你已经太累了，你应该好好地把身体养好，到那时，你要做什么我全依你。”

肯普说完，便要阿贝尔赶紧上床。阿贝尔本来还想继续说下去，但都被肯普挡回来了，他又不忍伤了爱人的心，无奈，只好顺从地跟着肯普上床。阿贝尔想，难道我连最后的一桩心愿都实现不了吗？在叹息声中，阿贝尔沉沉地睡去。屋外，星星依然闪烁，不时有几片浮云掩盖住了星星的光芒，但没多久，星星又从浮云中探出头来，光芒依旧。屋内的烛光透过玻璃映到屋外，与星光融合在一起，愈发使人觉得夜色妩媚娇柔。宁静的夜晚连梦都是美的。

也不知过了多久，一直守候在阿贝尔身边的肯普已裹着一身的疲倦俯在阿贝尔的怀里睡着了。而早已沉睡了多时的阿贝尔，仿佛又回到了童年时迷人的生活图景：他坐在火炉边，其余的人在房间里聊天、嬉笑。他一面照看着他的弟弟和妹妹，一面进行着他的数学研究。吵闹声并不会影响他思考数学，他还时不时地同大家开开玩笑。尽管穷得要命，有时饿着肚子，他们却始终没有灰心丧气，他们一家是幸福的。

阿贝尔梦见了他的母亲安妮·玛丽·西蒙森，她依然那么的漂亮，那么的慈祥，以至于阿贝尔在梦中连叫了几声妈妈。阿贝尔应该感谢他的母亲，从母亲那里阿贝尔继承了惊人的漂亮容貌，学会了一种不只是工作，而是想从生活中得到更多感悟的人生态度。和母亲在一起的日子是快乐的，母亲给他讲故事，给他讲做人的道理。一家人吃着母亲亲手做的饭菜，欢声笑语，那一段美好时光阿贝尔永生难忘。

阿贝尔还梦见了父亲。炉火烧得旺旺的，和蔼的父亲坐在壁炉边讲他的生活经历，孩子们围在他的左右静静地听着，每个人都觉得很温暖，阿贝尔和他的兄弟们的启蒙教育得益于他们的父亲。作为牧师的父亲，在民族运动中便致力于创建一所大学和一家国家银行，后来他成了临时议会的议员，参与了对新宪法的修订。童年的阿贝尔对父亲充满了无限热爱和尊敬。然而,由于父亲对其他议会代表进行了激烈而又无根据的指控,因此遭到了弹劾的威胁,父亲的梦想破灭了,他每天带着耻辱回家,极度郁闷使他染上了酗酒的毛病。1820 年,他带着绝望离开了人世。阿贝尔仿佛又梦见父亲死时那绝望的神情,那眼神、那表情都使阿贝尔本能地躲到母亲的背后,他怕极了,他没想到人死时会是那种样子。父亲的离去使阿贝尔更懂得了生命的珍贵,也让他更多地体会到了生活的艰难。全家处在十分窘迫的状况里,那点微薄的年金无法维持他们全家的生计。18 岁的阿贝尔挑起了生活的重担……

睡梦中的阿贝尔又再次陷入痛苦的回忆中,他不知道那一段日子是怎么走过来的,生活的重担压得他喘不过气来。阿贝尔仿佛梦见自己正置身于深不见底的渊谷边,抓着一根蔓藤拼尽全力往上爬。他已经用尽了全力,可总觉得随时都有要掉下去的危险。他只是紧紧地抓住蔓藤,抓住唯一存活下去的希望。生活是美好的,他从来未曾放弃过对生活的追求,在他的骨子里早已植下了与命运抗争的种子。

阿贝尔不断地把自己投入到对往事的追忆中去，思绪穿越时间和空间拉近了与已逝往事的距离。坠入梦境的阿贝尔已无法控制自己大脑的思维，他大汗淋漓，额头上爬满了汗珠，就连呼吸都感到有些急促。

笑容可掬的慈祥老师伯恩特·米夏埃尔·洪保(B. M. Holmboe, 1795—1895)的脸渐渐浮现在阿贝尔的脑海中。阿贝尔回想起了他和老师一起钻研数学的日子，那时候的阿贝尔一有空就翻看从老师那里借来的数学书籍，许多书都翻烂了，可老师却从不埋怨他，而且还花许多时间来讲解阿贝尔遇到的难题。阿贝尔还想起了老师是如何尽他所能地为自己申请补助金，慷慨地搜刮着他自己已几乎空无一文的口袋，老师还与他的朋友们为阿贝尔向挪威政府申请去法国和德国旅行学习一年的经费而苦苦奔波。阿贝尔甚至还忆起了自己在柏林身无分文的窘况下，是老师伸出援助之手才使得他免遭流落他乡的窘境……对于老师洪保，阿贝尔只有说不尽的感激。是洪保把阿贝尔带入了神奇的数学世界，通过数学，阿贝尔看到了生活的希望，也使他得以在艰苦的环境中没有失掉奋斗的信心。可以说，没有老师洪保，或许阿贝尔只不过是个并不出众的学生，平平常常，甚至会因父亲的过早离世而浪迹于街头，老师洪保是阿贝尔一生中最感激的人之一。

慧眼识珠的德国人奥古斯特·利奥波德·克雷尔（A. L. Crelle，1780—1855）。说起克雷尔，了解数学史的人都知道他。如果说是克雷尔帮助阿贝尔成了名，那么阿贝尔也通过使克雷尔成名，大大报答了他的帮助。今天，不管人们在什么地方研究数学，克雷尔的名字都是耳熟能详的，因为“克雷尔”已经成为代表其创办的著名数学杂志的专用名称，该杂志的前 3 卷收录了阿贝尔 22 篇论文。这个杂志使阿贝尔成名，或者至少使他为欧洲大陆的广大数学家们所知晓，若没有这个杂志，这是不可想象的。阿贝尔的思绪从挪威飞到了德国柏林。在一个晴朗的日子，局促不安的他走进了克雷尔的房间，从此改变了他默默无闻的一生。在柏林，阿贝尔受到了克雷尔热情的招待。克雷尔无论到哪儿都要带着阿贝尔，把他作为最了不起的数学界的发现而四处炫耀。对于克雷尔的热情，阿贝尔发自内心地感激。虽然在柏林只有很少的几个人对阿贝尔感兴趣，但是这很少的几个人对于阿贝尔却是无比宝贵的，因为他们向他表达了诚挚的友情。世界上能有什么比得到朋友的理解和帮助更让人感动呢？阿贝尔忘不了柏林，更忘不了如克雷尔一样给予他极大帮助的朋友们。

紧接着，阿贝尔的思绪又从柏林转到了数学圣殿——巴黎。美丽浪漫的巴黎呈现在他眼前，塞纳河清澈地流过，梧桐树叶飘落在他的眼帘。在巴黎，阿贝尔寄寓于一个贫穷且贪婪的家庭，他们提供给阿贝尔一间简陋的房屋和每天两顿很差的伙食。梦中，阿贝尔又见到贪婪的房主露出狰狞的笑脸向他伸手要那昂贵的房租，阿贝尔顿时感到心脏一阵剧痛，呼吸差点跟不上来。对一个追梦数学的青年来说，这点艰苦、这点委屈算不了什么，真正让阿贝尔感到心痛的是他从法国数学家，那些权威，那些大师那里得到的“礼遇”，他们对阿贝尔都很有礼貌——该死的礼貌，事实上就是阿贝尔从他如此热切地期望着的访问中得到的一切。阿贝尔梦见了法国人对他的种种冷淡。在他面前，那些法国数学家们总是讲述他们自己如何伟大。当他去拜访年高德勋的勒让德(A.-M. Legendre,1752—1833)时,勒让德只来得及说一声很有礼貌的日安,便踏上马车随风而去,留下阿贝尔在街道上孤零零地站着。浪漫的法国巴黎是阿贝尔梦魇的尽头。阿贝尔仿佛看见了自己辛苦写就的杰作,一篇关于某一类超越函数的范围广泛的论文(今天通称为阿贝尔定理)突然落上了一滴血,紧接着又是一滴血,再接着红渍洇成了一摊,最后他的手稿不见了,他的眼前是红红的一片。忽然他看见自己正站在雪地上不断地吐血,洁白的雪被他殷红的血染红了。

"不,我要为我的生命奋斗。"睡梦中的阿贝尔突然喊道。喊叫声惊醒了沉睡中的肯普。"亲爱的,你怎么啦? 啊,你怎么啦?"肯普的手紧紧地握着阿贝尔的手焦急地问道。汗水淌满了阿贝尔的脸,被子也让阿贝尔的汗水浸湿了。此时的阿贝尔浑身乏力,宛如置身于茫茫的宇宙中,只觉天旋地转,身体如巨石般不断地往下坠,可连他自己也不知该坠向何方,周围是一片幽静的星空。阿贝尔汗湿的双手紧握住肯普的手,他吃力地喃喃说道:"……我要活下去！我还有许多工作没有做完……妈妈和弟弟妹妹还要我养活啊！……克雷尔为我找工作也不知进展得怎样？肯普，亲爱的，恐怕我的生命快要结束……”阿贝尔连说话的力气都快要没有了，他用一只手指着肯普梳妆台右手边的抽屉继续说道：

“肯普，亲爱的，我……我快不行了。我只请你答应我一个请求，好好地活下去，不管发生什么事情，不管遇到多大的困难，一定要好好地活下去。这一生能遇见你是我最大的收获。抽屉里有一封信，我把我许多想说的话都写在了那封信里，肯普，亲爱的，我是多么深爱你啊！我有一个好朋友，他叫基尔豪，他是一位善良明理而且有知识的年轻人，希望我死后你们能够走到一起，他已向我保证要照顾好你的一生。肯普，亲爱的，我……我再也见不到你了！……我……我祝你们一切幸福！……”随着这微弱而饱含深情的声音，阿贝尔紧握着恋人肯普的手松开了，已哭成泪人的肯普失声向阿贝尔扑去，哭声穿过静静的小镇，传得很远很远……

1829 年 4 月 6 日凌晨，阿贝尔去世了，他仅仅活了二十六年零八个月。直到生命的最后一刻，阿贝尔的身边只有他的未婚妻克雷利·肯普。阿贝尔怀着强烈的求生欲望和为科学事业做出贡献的理想,在贫病交加和怀才不遇的忧郁中,默默地走了。阿贝尔被埋葬在弗罗兰教堂旁边的墓地里,墓上竖着朋友们为他而立的纪念碑。一颗数学巨星过早地陨落了,它的光亮划过长空,永远消逝在人们的视线中。19 世纪初,诸多出色的数学天才之星发出耀眼的光彩,开创了数学史上最伟大的世纪。在那诸多光彩夺目的天才新星中,没有比尼尔斯·亨利克·阿贝尔更明亮的了。

此刻,远在柏林的克雷尔做梦也没有想到,当他运用他全部的人事管理才干,终于把阿贝尔推举到柏林大学的教授席位上时,阿贝尔已经离他而去了。那封从柏林寄到挪威的柏林大学的数学教授聘任书直到阿贝尔死后两天才到达奥斯陆,可一切都已经太迟了,一个出类拔萃的数学天才,在短暂的一生中取得了巨大的成就,却直至临死才为人所知,才被社会承认,死后才“找到工作”,这怎不令人心酸,让人为之惋惜呢?没有什么能够挽救阿贝尔年轻的生命,如今他已静静地卧睡于弗罗兰的土地上。失去的将不再拥有，怀着极度悲痛心情的克雷尔在他的杂志上为友人阿贝尔写了一篇很长的颂辞："阿贝尔的全部著作镌刻着无比的创造天才和非凡的、有时是惊人的思维力量。如果考虑到这位作者的年龄，则更是令人惊叹不已了。我们看到，他能够以一种不可抵抗的力量，通过一切障碍，深入到问题的目前状态之后，所有的困难在这个天才无畏的挑战之下，都化为乌有……然而，阿贝尔赢得人们的尊敬和无限怀念不仅是因为他的伟大的才能，也因为他拥有纯洁的品质和高尚的心灵，以及少有的谦虚。这些非凡的品质使得他作为一个人来说也同他的天才一样被人们所珍爱。"

19 世纪的欧洲是人才辈出、群星璀璨之地，但同样也是英才早逝、令世人哀痛的土地。没有人能说得清在这片土地上究竟埋没了多少英豪。世界在不断地发展变化着，人类的文明也随着人类前进的脚步以前所未有的速度超越从前。旧有的文明与秩序早已被现代人远远地抛在身后，前方是个未知的值得探究的领域。人类就是沿着这样的生活轨迹不断完成着他们的历史使命，但现代人永远不会忘记那些曾经为人类科学文明发展做出过巨大贡献的人，他们是航标灯，他们是铺路石，在历史的长河中，他们的名字将永远镌刻在历史的丰碑上。

阿贝尔的悲剧早已成为过去，但他为生命奋斗的进取精神却在激励着后人。就让我们拉开悲剧的大幕，重新追忆那段充满不幸的历史画卷吧！

第一章 童年时代

蔚蓝色的地球上，斑驳陆离地分布着七大洲。大自然神秘莫测、鬼斧神工地造就了绵延万里的大陆和万物生灵，人类才得以世代繁衍生息，演绎出无数五彩缤纷、催人泪下的动人故事。他们的精神、他们的思想、他们的魂魄，熏陶感染着无数后来者，一代又一代争相传颂。

地处欧洲大陆遥远边陲，在斯堪的纳维亚半岛的西部和北部，有一个地域狭长、风景秀丽的国家，就是倚山傍海的挪威。

1802 年 8 月 4 日夜，在挪威南部奥斯陆（旧称克里斯蒂安尼亚）附近，有一个叫芬岛的小村庄，不多的几户人家，笼罩在细雨霏霏之中，依稀可见山坡上星星点点的微弱灯光在雾霭中摇曳。随着一阵紧似一阵的风，山坳里高低错落的树木努力抗争着，隐隐约约袒露出小村庄的迤逦风姿。半山坡上有一幢村里数一数二的大房子，这是阿贝尔牧师的家。这一晚，全家人都格外紧张，因为年轻美丽的阿贝尔夫人，要生产第二个孩子了。夜深了，天更黑了，疾驰的闪电不时地划过沉闷的夜空，一声声炸雷从远处铺天盖地滚来，雨骤然狂泄而下，弥漫了整个天际，无数雨点狂乱地踢打着窗户。全家人的神经绷得更紧了，生怕有什么不测，年轻的父亲更是坐立不安，来回踱着步子，接生的妇人早早守候在产床边，随时准备迎接小生命的降临。

时钟滴答作响，时间像汩汩潺潺的小溪永不停歇地向前奔流。雨时大时小，几乎没有停歇地下着，世界仿佛一片焦躁。阿贝尔一家忐忑不安地期待着，期待着这个小生命加入他们的行列。难挨的午夜刚刚过去，正是新一天来临的时候，伴着暴风雨的呼啸声，一声清脆、急促的哭声，使整幢大房子里的人长出了一口气。接着，第二声、第三声……小生命毫无遮掩地纵情啼哭，说不清是惊恐还是欢乐。

雨哩哩啦啦一直下到清晨，小阿贝尔高亢的啼哭声也一直相伴到天明，爷爷、父亲和虚弱的母亲一夜未能合眼，他们不明白这孩子是不是生了病。直到天蒙蒙亮，小阿贝尔才停止了哭叫，随即安详、恬静地睡着了。全家人吊着的心终于放下，晨曦中大家才感觉到真有些疲倦了。

据说，接生的妇人早上从阿贝尔家走出时，一不小心，在台阶上重重地跌了一跤，好在没有伤着，挣扎着爬起来，抹掉身上的污泥，蹒跚地走回了家。

这天，也就是 1802 年 8 月 5 日的上午。小阿贝尔的爷爷——H. M. 阿贝尔，这位虽然满头霜白但看起来依然硬朗的老人，抑制不住兴奋的心情，忘了一夜的担心和劳顿，三步并成两步来到小孙子的房间。小阿贝尔太累了，经历过人生第一场惊恐后，正在酣睡，略带点浮肿的大胖脸扭作一团，变成可笑可怜的怪样子；小脸、小手不是粉嫩，而是泛出一种暗红的颜色。

“天哪！他多丑！”老人语气十分肯定地说，声音带着无限的怜爱。

好在小阿贝尔的一头稍微卷曲的金发，尖尖的往上翘的鼻子，看上去还算美丽，老人端详了半天，得意地笑着，心满意足地走出了房间。

阿贝尔一家是地道的挪威人，祖祖辈辈在这块湿润多山的海岸线上生活。几位祖先都是比较杰出的牧师。这个家族中,大多数成员都受过良好的教育,他们中的一些人在当地具有很强的政治影响力。在当地,阿贝尔家庭算得上一个受人尊敬的家庭。由于受家庭的影响,H. M. 阿贝尔(1738—1803)一生都致力于牧师职业,他个性突出,博学敬业,在当地很有名气。

H. M. 阿贝尔 34 岁的时候,才得到了一个儿子,即小阿贝尔的父亲,S. G. 阿贝尔。S. G. 阿贝尔天资聪颖,富有雄心,而且从父亲那里继承了执着认真的敬业精神。1792 年,S. G. 阿贝尔 20 岁时,在哥本哈根大学——当时丹麦－挪威联合王国中仅有的一所高等学府,取得了神学学位。两年后,S. G. 阿贝尔回到故乡,成为 H. M. 阿贝尔的助手,五年后被任命为一个小教区的牧师。S. G. 阿贝尔以极大的热情,并以青年人特有的蓬勃朝气,在教区建立了公众图书馆,并负责沿海的防御工作……他的工作赢得了当地群众的赞誉,并因此荣获了一个特别的嘉奖。父亲的智慧和丰富的人生经验,潜移默化地影响和熏陶着小阿贝尔的成长。

小阿贝尔的母亲安妮·玛丽·西蒙森是一位商人的女儿,她比S.G.阿贝尔整整小了8岁,她惊人的美丽和绰约的风姿深深地打动了循规蹈矩的青年牧师,他们结合了。在当时的人们看来,这是一个有趣的结合。但正是这个奇异的结合,孕育了挪威数学史上最伟大的天才。

人的一生,母亲是第一位老师。阿贝尔的母亲教他听这个世界千奇百怪的声音;看红的、绿的、黑的、白的,五彩缤纷的颜色;体会风的号叫,雨的哭泣,电的闪亮,雷的轰鸣;感受热的温暖,冷的侵袭;识别欢乐的面孔,忧伤的表情。就这样一点一滴,一句接一句,一天又一天,阿贝尔渐渐知道了这个世界有大小之分,高低之差,冷暖之别,好坏之异,贵贱之别;有直插云霄的高山,有松涛滚滚的森林,有波浪滔天的大海,有潺潺流淌的小溪,有高高飞翔的小鸟,有华光四照的日出,有灿烂锦绣的夕阳;一日有白天黑夜,一年四季有春夏秋冬,一生有幼年、少年、青年、壮年、老年、暮年,世界万物,生生死死,循环往复,周而复始。在阿贝尔短暂的生命历程中,母亲给予阿贝尔的影响,尤其是对生命之外的永恒的向往和追求，冥冥之中深深地埋在了他的心中，影响着他的一生。

一天，阿贝尔躺在离家不远的小山坡的草坪上，他出神地凝望着碧蓝碧蓝的天，慢慢行走的白云，猜想着云中的一切，天外的世界；全神贯注地倾听鸟儿婉转的歌唱，用肢体感受不紧不慢飞动的风。突然，他的脑海剧烈而急速地划过一道闪电，身体仿佛轻轻抖动了一下，阿贝尔猛然紧张起来，他一下子意识到眼前的这个世界太大了，无边际无止境，怎么看也看不到尽头。唉！阿贝尔轻轻地叹了一口气，瞪着大大的眼睛，一刻不停地琢磨，世界多么复杂，多么有趣，多么难以理解，一个又一个"为什么"在他的脑海里升起再升起。阿贝尔心中产生了有生以来面对世界的第一次恐惧，世界在他的眼里突然变得完全陌生了，好像他对此一无所知，他紧张得有点战栗，真想哭出来，他害怕极了，但越是害怕，脑子里越是涌出无数个问号。在恐惧、哭泣和追问中，他的思绪在飞奔，可就是达不到尽头。他实在累了，不想再去想它们了，可他无论如何都不能做到。突然，静静躺在草坪上的阿贝尔一跃而起，狂喊着风一般冲下山去。直到阿贝尔消失在小伙伴们的视野外时，伙伴们才清醒过来，回忆起刚才阿贝尔只喊了两个字"妈——咪！"

和所有的孩子一样，阿贝尔这种好奇心随着年龄的增长而与日俱增。有些问题，母亲回答起来已感到有些困难了，比如，天为什么是上？地为什么是下？前面那座大山是大人还是小孩子？是男孩，还是女孩？我走路时，为什么一只脚在前面，一只脚在后面呢？有时，阿贝尔问的问题似乎有些不着边际，但细细想来却很有意思，天真的背后深藏着智慧的锋芒，父母在一阵开怀大笑之后，又常常为阿贝尔的灵性所感动，他们为阿贝尔的天赋而兴奋。一次，全家人坐在院子里乘凉，孩子们围着父母嬉戏玩耍，他们玩得很高兴。阿贝尔望着小桌上盘子里的水果，问坐在旁边的父亲："三根香蕉放在盘子里，是'一个'还是'三个'呢？"父亲开始没在意，随口说"三个"。阿贝尔听着父亲的回答有些不解：明明是一个盘子，怎么能是"三个"呢？父亲扭过头看着小阿贝尔迷惑不解的样子，突然意识到儿子的思维已经超越了同龄孩童的界限，跃升到了一个新的高度。这一点，他深信不疑，毕竟他在当时的最高学府里受过高等教育，学过哲学、数学和天文。还有一次，父亲给阿贝尔讲，世界上的数是由一组成的，由一而十，由十而百，由百而千，由千而万，以至无穷。阿贝尔睁大眼睛望着父亲一张一合的嘴唇，问父亲："'一'是什么？"这一问，还真把这位神学院的高才生给难住了，只好说比如树上结的果子，春天有个花蕾，开了一朵花，蜜蜂采蜜给它授了粉，就长出果实来，秋天结出的就是一个果子，这就是"一"的由来。说完，不仅阿贝尔不满意，就是父亲也不满意。阿贝尔望望天空，问父亲，天那么大，那么高，那么宽，可它是"一"个天空啊！地那么宽，那么广，那么厚，可它也是"一"个大地啊！海那么大，那么阔，那么深，它也是"一"个大海呀！父亲真不敢相信自己的耳朵，才几岁的孩子，对世界的领悟已经到了如此透彻的地步！他多么像我的昨天呀，不，他似乎更强！想着想着，他不免有些飘飘然了……

阿贝尔的祖国挪威，北、西、南三面临海，境内到处是高山、冰川、峡谷和森林，因此耕地少得可怜，交通十分不便，人口也很稀少。与西欧、中欧的一些国家相比，挪威不仅自然资源贫乏，而且在相当长的历史时期里，经济与文化发展也很缓慢。它与周围邻国丹麦、芬兰、冰岛等北欧国家一样，主要依靠人力而不是自然资源。从14世纪开始，挪威就被强盛的丹麦征服了。直到阿贝尔出生时，挪威仍未能摆脱丹麦附属国的地位。

1804年，S. G. 阿贝尔作为继承人，接替了H. M. 阿贝尔的一个教区的职务，因为H. M. 阿贝尔在一年前去世了。这时，挪威的政治局势十分紧张，由于和丹麦的联盟，挪威不得不站在法国一边投入拿破仑发动的战争。于是，英国封锁了挪威的海岸，造成了广泛蔓延的饥荒。阿贝尔的少年时代，就生活在这样一个物质极度贫乏的动荡不安的年代。

S. G. 阿贝尔为了挪威日后的独立、完整，为了挪威人民尽快摆脱生活的贫困和精神上的压抑，在这一时期的民族运动中，表现得十分突出。他致力于推动挪威创建一所大学和一家国家银行。不久后，丹麦、挪威在列强的操纵下被并入瑞典的版图，于是挪威人又将武装反抗的矛头指向了瑞典，并起草了自己的宪法，但这次也同以往几次一样，很快就失败了，只好接受休战条约，和瑞典并成联邦。弱小的挪威只能继续仰人鼻息的状态，始终没有自己的主权。1814 年秋天，S. G. 阿贝尔已经成为临时议会议员，奉命对新宪法进行修改。应该说 S. G. 阿贝尔在挪威已经有了相当的地位，但无奈的是整个社会都处在物质极度匮乏之中，再加上阿贝尔夫妇已经生育了七个子女——在小阿贝尔后，又生育了四个儿子和一个女儿，这个九口之家的家境远远称不上“小康”。年幼的阿贝尔和兄弟、妹妹就在这样一个贫困但和睦的家庭中渐渐长大。

1815 年，13 岁的阿贝尔和哥哥第一次真正走出家门，来到一个集体——克里斯蒂安尼亚的一所天主教学校。这是一所老牌学校，本省很多官员都送自己的子女到这所学校学习。这里有很好的传统、一流的教师和完善的教育制度，学习好的学生还可以得到数目可观的奖学金……很自然，阿贝尔和哥哥求学的这所学校，是父亲精心为他们选择的。但这时，由于不少好的老师都接受了两年前刚刚成立的一所大学的聘任而离开了，因此学校显得有些萧条冷落，失去了昔日的热闹兴旺。

对于13岁的阿贝尔来说，他根本就没有意识到学校的这些变化。他不知道过去几年学校的风光，只感受到现在学校的情况，所以他也不会理会学校发生了什么。但有一点阿贝尔是不大习惯，也很不喜欢的，就是这里的环境与少年活泼好动、充满蓬勃朝气的个性很不一致，古典教育成了死记硬背，历史变成了枯燥乏味的大事记。尽管如此，阿贝尔还是从自己家道日衰的阴影中走出，很快走向同龄人中间，走向快乐无忧的日子。不长时间，也就淡忘了离开父母呵护的苦痛，渐渐适应了这种循规蹈矩的学校生活，沉浸在一个少年应该享受的无限欢畅的岁月里。学习说不上有多么优秀，也看不出有哪些特别。整日里，阿贝尔像自由自在飞翔的小鸟，在校园的天地里随心所欲、无拘无束地放声歌唱，生命就像一朵盛开的鲜花迎着太阳尽情绽放。最初两年，他的功课还算令人满意，但是后来，阿贝尔的成绩开始下降，哥哥的情况就更糟了，开始显现出智力缺乏的迹象。最后由于哥哥的学习实在无法跟上，学校只好把他送回家去了。

从小阿贝尔就同哥哥朝夕相处，整日生活在一起,两个人手足情深,在漫长的童年岁月里,两人形影不离、亲密无间。两年前,阿贝尔和哥哥一道跨进了这所学校,正是由于兄弟间情感上的相互慰藉,使得阿贝尔很快忘记了离开父母、离开家庭的苦痛,无形中哥哥成了阿贝尔感情的寄托。而此时此刻,哥哥就要离开学校,阿贝尔心里十分痛苦。这种痛苦要比他与哥哥离家上学离别亲人的痛苦大得多,使他平生第一次真正感受到痛苦是什么,是失去一位相依相伴的同学,一位吐露心声的伙伴,一位与他一同生活了人生最初十五年的兄长。

阿贝尔帮助哥哥整理衣服和学习用具,虽然就要离别了,哥俩还是强忍着就要离别的心痛,都装出高兴和无所谓的样子,有说有笑,像平日一样交谈着那些只有他们两个人才感兴趣的话题。但他们两人都意识到,这一次分手他们两人就再也没有一起学习的机会了。

哥哥离校的时刻终于到了,阿贝尔跟着哥哥缓缓地迈着脚步,他看得出来,哥哥的眼神凝固在校园的一草一木,一花一虫,哥哥太爱这美丽的校园了。一旦要失去,人们才会意识到他的所爱。分手的时刻到了,原先强颜欢笑和满不在乎的表情一下子隐去,泪水在无声中悄悄流淌,兄弟两人伸开双臂紧紧相拥,泪水流淌得更加汹涌。人生自古伤离别。

不知道哥哥在视野中消失了多久,阿贝尔才意识到该回去了,该回到教室和同学们中间,生活的路只能靠自己的双脚来走。看来,成长就是在生活不断的波折和痛苦的浸泡中渐渐茁壮起来,成熟就是在人生不断的离别和伤感的洗礼中一步步丰满起来。

第二章　发现数学天才

阿贝尔刚到这所学校时，很喜欢这里优美恬静的环境。可是1817年哥哥退学回家后，他开始感到从未有过的孤单和寂寞，常常莫名其妙地望着天、望着雪白的墙壁发呆，久而久之不免遭到老师的批评。在那样一种还不开化的教育环境里，没有迹象表明哪一位老师对他有任何好感。但这一年的年末，一位粗暴的教师使阿贝尔交上了好运，也对他的一生产生了根本性的影响。

19世纪初的教育是相当严厉的，在挪威也是如此，体罚是使学生性格刚强和满足专横教师们虐待狂倾向的最简单的办法。只因一个小小的过失，哪怕是上课多说了一句话，学生都会不可避免地遭到狠毒的体罚。阿贝尔不是通过自己的皮肉之苦被唤醒的，这一点与牛顿十分不同。

据说，牛顿（I. Newton，1643—1927）12岁时由农

村小学转入一个小镇学校。起初,他对功课毫无兴趣,学习也十分平庸,经常被同学们瞧不起。有一天,一个平素学习在牛顿之上的同学,蛮横无理地欺负他,一脚踢在他的肚子上。牛顿肉体和精神上都受到了极大的打击,在强烈的刺激下,牛顿回击了他的对手,最后把已经变得懦弱无能的对手的头按到了墙上。从这件事上,他悟得学问之道也不过如此。

而阿贝尔是被一个同学的死唤醒的。这位同学受到非常残酷的鞭打,最终由于鞭伤过重,不治而亡。毕竟是老师把学生打死了,这件事在当地引起了很大的震动,一时猜忌和传闻沸沸扬扬,就连一向严厉的地方教育委员会也认为老师做得有点过分。迫于各方面的压力,学校方面不得不把这位教师开除了。这样一来,就得聘请新的教师来填补这一空缺。不久,一位称职的但绝不是很有才气的数学教师洪保填补了这一空缺,他每周给阿贝尔上三节课。

这时,阿贝尔15岁。在这之前,他除有些幽默感外,没有在任何方面显示出明显的才能或者杰出的天赋。在洪保亲切、细致、开明的教导下,阿贝尔忽然意识到自己是怎样的一个人。洪保虽然在数学上天赋平平，没有什么自己的建树，但他有着严谨而丰富的数学知识，受天主教学校教育的影响，更加慈爱而富有理想，因而受到学校师生的广泛尊敬。早在1814年，洪保就热情倡导青年学生积极参与反对瑞典侵略挪威的运动。正是受了这位热情奔放的数学老师的感染，阿贝尔的数学天性才被唤醒了。

洪保个子高大，满头卷发，长长的脸上一双深邃的眼睛充满热情与憨厚。当他穿着得体的西服，踏着一双不算太新的牛皮鞋，迈着春风得意的步伐，大步流星地走进教室时，给阿贝尔和班上同学的第一印象是随和大度，充满激情，深远辽阔，个性执着，率性年轻。洪保慢条斯理的语调，洪亮有力，极富弹性，抑扬顿挫中隐藏着生命的智慧，像一曲有伴奏的昂扬奋进的歌，回荡在宽大的教室里。带有磁性的美妙声音，不知不觉中把全班同学深深吸引住了。

“我常常在想，数学是什么？数学能给我们带来什么？数学把我们引向何方？”洪保开门见山，大声地发问，像是问学生，更像问他自己。

接着，他若有所思地说：“特别是在星光灿烂的长夜，或者鸟语花香的下午，我一个人独处的时候，我用自己的心,用自己的灵魂全神贯注地去感受数学,去追逐数学,领会它的精华,体会它的要旨。那时,数学就是我的上帝,我的整个世界,我用我的灵魂去感受那个绚丽多姿、争奇斗艳、壮美万千的世界,于是在我的心海中袅袅升腾起美妙的歌声,我的心彻底地醉了。所以,我暗暗发誓要用我的生命去热爱它。"

他的声音透着真挚的感情,他的表情激动而骄傲。听了洪保的这番话,小伙伴们无所适从,以为还是每位新老师照例第一堂课的讲话模式,但大多数同学还是被他的真情打动了,不管怎样讲那是真情,是对数学的热爱,总比那些不学无术的老师要好千倍,孩子们心想。阿贝尔与小伙伴的感受完全不同,他的心中似乎有一个小精灵在缓缓地蠕动,内心开始莫名其妙地跃跃欲试,他真不明白这是怎么回事,心里不停地问自己:数学是什么?

"所以,当我们用灵魂去感知,用生命去热爱时,我相信,那就是你的事业,你毕生可以致力的东西。"洪保的语调有些低缓,但更坚强更有力了。全班同学被他的话语击中了。虽然他们还小,但朦胧中自主意识在不自主地膨胀，谁都在有意无意中努力寻找些什么，就如同干裂的土地期待春雨，漫山遍野的鲜花等待蜜蜂的采撷一样。

洪保望着同学们兴奋的表情和一张张疑惑的面孔，他禁不住打开自己的智慧大门，想把自己体会到的奇妙世界、那些玄妙动人的故事，统统告诉这些渴望的眼神。阿贝尔和同学们一道，沿着那条奔流不息的河流，带着尚未雕琢、稚嫩的头脑走进了尘封已久的年代。

历史上真正的数学家，或者说创立了数学的人，是公元前6世纪的毕达哥拉斯(Pythagoras)，他把数学变成了一门高尚的艺术。毕达哥拉斯笃信"万物皆数"，把抽象的数的概念置于首要地位，将其看作是万物的本源。他力图通过研究数的奥秘来揭示宇宙的永恒真理，于是毕达哥拉斯发现了数与几何图形、数与音乐、数与天体运动的密切关系。接着他把数学分为四个部分：数的绝对理论——算术，静止的量——几何，运动的量——天文，数的应用——音乐。他把算术中的单位看作"没有位置的点"，而把几何的点看作"有位置的单位"……

阿贝尔在想，这是数学吗？简直是一部恢宏的历史，一部博大的哲学著作，一部人类认识自然奥秘的智慧总汇，一部人与上帝搏斗的故事大全。

很快，阿贝尔和同学们都喜欢上了这位新来的老师。有一次洪保老师来上课了："我们来总结一下因式分解的基本方法，也希望大家动脑筋积极回答问题，不要怕说错，看看谁能掌握住技巧。"随着"刷刷刷"几声，黑板上出现了一道题：x^2+2y^2-3xy。

"谁来试一试做这道题？"洪保用期待鼓励的语气问道。

同学们相互看着，跃跃欲试而又不敢举手。"我来试试。"阿贝尔举起了手，随即毫不犹豫地走到黑板前，非常麻利地写出了结果。洪保老师看到阿贝尔清晰的解题思路和结果，满意地夸奖道："非常好，你叫什么名字？"

"阿贝尔。"阿贝尔回到座位上略带腼腆地回答。

随后，老师又讲了几道题，最后，老师写了一道比较复杂的题：$x^2+3xy-4y^2+3x+7y+2$。然后，洪保老师告诉大家："首先，按 x 的降幂排列为

$$x^2+3xy+3x-4y^2+7y+2$$

将 $3xy$ 和 $3x$，$-4y^2$、$7y$ 和 2 分别组合起来，并将 $-4y^2$、$7y$ 和 2 的组合进行因式分解，得 $(4y+1)(2-y)$，再将 $3xy$ 和 $3x$ 的组合因式分解为 $3x(y+1)$，然后按十字相乘法得出结果

$$x^2+3xy+3x-4y^2+7y+2$$
$$=(x-y+2)(x+4y+1)$$

大家听懂了吗？”

“懂了。”大家齐声回答。

洪保老师接着讲道：“好了，现在大家可以温习一下今天的知识，如果有什么不明白的，可以问我。当然了，如果我讲错了，也可以提出来。”

这时，阿贝尔站起来说：“老师，我认为最后一题还有另外一种解法。”

洪保老师被阿贝尔的话给惊住了：“那你给大家讲讲吧。”

同学们也被阿贝尔的话给惊住了，因为阿贝尔数学成绩并不算好。阿贝尔再一次走上讲台，红着脸说：“我认为可以不改变顺序，直接将 x^2、$3xy$ 和 $-4y^2$ 结合起来，分解因式成为 $(x-y)(x+4y)$，然后再把 $3x$ 和 $7y$ 结合，最后用十字相乘法也可以得到结

果$(x-y+2)(x+4y+1)$。”

洪保听后，开始有几分尴尬，但很快脸上现出了惊喜。因为他突然意识到阿贝尔在学习数学上有自己的思考，有能够专心注意思路的特点，有迅速做出反应的数学天赋。洪保老师高兴地说：“嗯，很好，做得对，下面大家一起练习一下这几道题，希望大家都能够动脑筋想一想。”随后，他在黑板上写了几道题：(1)$x^3-26x+5$；(2)$x^4-(3-a)x^2-4a-a$；(3)x^5+x+1。

放学了，小伙伴们在校园里，在学校周围的大自然中尽情地玩耍，阿贝尔则一改往日和小朋友们一起毫无顾忌地玩耍的习惯，静静地待在一个山坡上，拿出课堂笔记本，仔细地思考洪保老师留下的习题：最后一题怎样动手解呢，x^5+x+1 该怎么办呢？阿贝尔绞尽脑汁，思来想去，忽然一个灵感的火花从脑中闪过：我加上一个 x^2 再减去一个 x^2，使原式变为 $x^5-x^2+x^2+x+1$，然后将前两项结合，因式分解为 $x^2(x-1)(x^2+x+1)$，这样和后三项就有了一个公因式 x^2+x+1，提出后就可得到 $x^5+x+1=(x^2+x+1)(x^3-x^2+1)$。对！就这么做，阿贝尔兴奋极了。

他写完后，高兴得手舞足蹈，嘴里还不停地念叨：“我做出来了，我做出来了！”这可把周围的同学弄晕了，以为他精神有了问题，当得知他做出了几道数学题时，大家哄然一笑，有的同学甚至还开玩笑说：“老师没有说是作业，只是说让思考、练习一下，不要费劲去做了。”而此时的阿贝尔却早已沉浸在有趣的数学学习中，他不知不觉地喜欢上了数学。

第二天，全班只有阿贝尔一个人做完全部练习，洪保老师越发相信自己遇上了一个好苗子。

洪保老师是一个提倡创造性思维的人，他给同学们传授知识不局限于书本，这样就可以开阔同学们的思路，增加他们学习数学的兴趣，帮助他们了解数学、掌握数学中巧妙而丰富的方法。

一次上课，洪保老师又用他那令人听起来像讲故事般的语气说道：“数学是科学之皇后，她有着许多迷人之处，令我们向往，今天我们具体来看看：大家已经会算 1 +2 +3 +4 +5 =15，可你们能不能计算出以下几道题，用最快的速度，加上最简单的方法。”题目如下：

1. $1+2+3+\cdots+100=?$

2. $100+99-98+97-96+\cdots+3-2+1=?$

3. $1\,901+1\,902+1\,903+\cdots+1\,998+1\,999+2\,000=?$

4. $1-3+5-7+9-11+\cdots-1\,999+2\,000=?$

洪保接着说:“数学计算越来越复杂,怎样才能快速计算出结果呢?伟大的数学家高斯(J. C. F. Gauss,1777—1855)在和你们同龄的时候就以其敏锐的思维找到了灵活新颖的解题方法。高斯是这样解的:$1+100=2+99=3+98=\cdots=101$。

所以 50 个 101 之和即为

$$1+2+3+\cdots+100=101\times50=5\,050$$

大家有什么想法,是不是很佩服高斯的智慧?其实你们在平时学习中只要善于在解决问题时寻找规律,积累多了思路就自然开阔了。你也可以成为大数学家。”

同学们被洪保老师的一番话给吸引住了,他们惊奇于这奇妙的解法,憧憬着自己美好的未来。

“大家看,高斯的算法异常简便,他就是抓住了求和的数列相邻元素之差不变这一特点,所以可用:

$$S_{和} = (首项 + 末项) \times \frac{项数}{2}$$

那么我们再来看一下第二道题，利用上面讲过的规律是不是就可以得出

$$100 + 99 - 98 + 97 - 96 + \cdots + 3 - 2 + 1$$
$$= 100 + (99 - 98) + (97 - 96) + \cdots + (3 - 2) + (1 - 0)$$
$$= 100 + 49 \times 1 + 1$$
$$= 150$$

的结果？”

阿贝尔认真地听着老师的讲解，同时脑中飞快地想着后两道题的解法，就在洪保要开始讲第三道题的时候，阿贝尔突然站起来说：“老师，可不可以让我来讲一下？”洪保很欣慰，作为一名老师能够遇见这样的天才学生是很幸运的。

$$1\,901 + 1\,902 + 1\,903 + \cdots + 1\,998 + 1\,999 + 2\,000$$
$$= 1\,900 \times 100 + 5\,050$$
$$= 195\,050$$

阿贝尔迅速在黑板上写下计算过程。阿贝尔接着说：“同时，我注意到当一串数不是等差数列，而它的一部分或几部分是等差数列时，如果要求这串数

的和，就可以先分段求和，然后再求总和。”

这时，阿贝尔在洪保心中已不再是一名普通的学生了，而是一个亟待开发的智慧宝库，要给他钥匙，来开启宝库的大门。他经常在私下里给阿贝尔讲述一些数学大师的成长故事，高斯、欧几里得（Euclid）、拉普拉斯（P. – S. Laplace，1749—1827）、柯西（A. – L. Cauchy，1789—1857）的名字都在阿贝尔的头脑中打下了深深的烙印。在谈话中阿贝尔还意识到这样一个问题：很多问题的难处不是在于有了公式去证明，而在于没有公式之前，怎样找出公式。

例如，洪保老师让阿贝尔观察“裂项法”

$$\frac{1}{n(n+1)}=\frac{1}{n}-\frac{1}{n+1}$$

然后计算：

1. $\frac{1}{2}+\frac{1}{6}+\frac{1}{12}+\frac{1}{20}+\cdots+\frac{1}{9\,900}=?$

2. $\frac{1}{1}+(\frac{1}{2}+\frac{2}{2}+\frac{1}{2})+(\frac{1}{3}+\frac{2}{3}+\frac{3}{3}+\frac{2}{3}+\frac{1}{3})+\cdots+(\frac{1}{100}+\frac{2}{100}+\cdots+\frac{2}{100}+\frac{1}{100})=?$

好奇心与荣誉感又一次驱使他开始思考

$$\frac{1}{2}+\frac{1}{6}+\frac{1}{12}+\frac{1}{20}+\cdots+\frac{1}{9\,900}$$

$$=\frac{1}{1\times2}+\frac{1}{2\times3}+\frac{1}{3\times4}+\frac{1}{4\times5}+\cdots+\frac{1}{99\times100}$$

由裂项法知

$$\frac{1}{1\times2}+\frac{1}{2\times3}+\cdots+\frac{1}{99\times100}$$

$$=1-\frac{1}{2}+\frac{1}{2}-\frac{1}{3}+\cdots+\frac{1}{98}-\frac{1}{99}+\frac{1}{99}-\frac{1}{100}$$

$$=\frac{99}{100}$$

第二道题很明显不能用裂项法来求，那么该怎么办呢？阿贝尔想，会不会用部分求和法？试试：

$$\frac{1}{1}=1,\frac{1}{2}+\frac{2}{2}+\frac{1}{2}=2,\frac{1}{3}+\frac{2}{3}+\frac{3}{3}+\frac{2}{3}+\frac{1}{3}=3,\cdots$$

设分母为 k，则有$\frac{1}{k},\frac{2}{k},\cdots,\frac{k}{k},\frac{k-1}{k},\cdots,\frac{1}{k}$之和为

$$\frac{1}{k}+\frac{2}{k}+\cdots+\frac{k-1}{k}+\frac{k}{k}+\frac{k-1}{k}+\cdots+\frac{2}{k}+\frac{1}{k}$$

$=\frac{(1+2+\cdots+k-1)\times2+k}{k}$（运用等差数列求和公式）

$$=\frac{k(k-1)+k}{k}=k$$

阿贝尔十分兴奋,带着满心的喜悦跑出教室来到他常和同学玩耍的小花园中,感觉花草都和平常不一样了,充满了轻松和甜美,他憧憬着美好的未来。孩子的天性和成功的喜悦一起涌入阿贝尔的心中,他对自己充满着自信,并把自己的分析结果写在作业本上:"结论:分母为 k 的'完全'分数之和为 k,从而得出

$$\frac{1}{1}+\left(\frac{1}{2}+\frac{2}{2}+\frac{1}{2}\right)+\left(\frac{1}{3}+\frac{2}{3}+\frac{3}{3}+\frac{2}{3}+\frac{1}{3}\right)+\cdots+\left(\frac{1}{100}+\frac{2}{100}+\cdots+\frac{2}{100}+\frac{1}{100}\right)$$

$$=1+2+3+\cdots+100$$

$$=5\ 050$$

的结果。"

洪保老师看出阿贝尔善于思考和对数学的强烈爱好,便满心欢喜地和阿贝尔交谈,细心批改他写有独特的解题方法的作业本。很快阿贝尔便跟洪保老师熟悉了,大着胆子向老师提出一些超出书本范围的数学疑难问题。对于这种求知欲望除了鼓励之

外，更重要的是引导。一天放学后，洪保老师把阿贝尔留下来，带到学校图书馆向他展示古代数学的成就和阿基米德（Archimedes）、欧几里得、毕达哥拉斯等许多数学大师的著作和传记。阿贝尔惊呆了，有这么多的数学大师在研究数学才有我们今天的数学，阿贝尔的脑中充满着遐想，并暗下决心：我要读大师们的著作。

后来阿贝尔有了变化，常常手里拿着厚厚的书看着想着，回家时就连弟弟、妹妹叫他，他也不像往常那样和他们说说笑笑，总是心不在焉，还时常一个人悄悄地到房子后面的山坡上读起书来。时间长了，妈妈只好让他的弟弟们去唤哥哥回来。原来，阿贝尔除了下课后到图书馆读阿基米德的几何书，研究球和圆柱之间的面积和体积证明外，还时常借些其他数学书籍。他像一块大海绵似的如饥似渴地学习几何、代数和极限等数学知识，而且总是那样的聚精会神。妈妈为阿贝尔的学习精神感到高兴，鼓励他"一个人一生中有了成功后的喜悦和幸福就不会再过困苦的生活了"。这在阿贝尔心里留下很深的印迹，阿贝尔心想，只要我勤奋努力，上帝就会看中我，让我有像数学大师那样的智慧和成功。阿贝尔充满自信地读着阿基米德的球和圆柱论，毕达哥拉斯的三角形、勾股定理以及进一步推广的赫伦三角面积公式，公元825年胡瓦黑兹米的二次方程求根公式，17世纪笛卡儿(R. Descartes，1596—1650)的解析几何学，他常常思考着、记着一些结论和问题。阿贝尔感叹着并被数学的精巧变换和有用的结论给迷住了。古希腊数学的数量空间变换，阿基米德的球体积与圆柱体体积的关系，欧几里得的《几何原本》，现代的大师高斯、牛顿、勒让德、泊松(S. - D. Poisson，1781—1840)的微分和积分学思想都让小阿贝尔开阔了思路，提高了对数学思维的认识。他感慨地写道："一个人如果想要在数学上有所进步，他必须向大师们学习。"

阿贝尔常常被新来的老师的一系列的数学问题所吸引，因而对数学的思考逐渐占用了他课后的时间。他经常被自己活跃的思维所牵引，多少次在窗前静伫，眺望远处的群山，"数论""欧几里得""代数学""方程求解"等在脑海里不由自主地浮现出来。阿贝尔特别欣赏、留恋前人的数学证明、分析，常常提出自己的一些设想和寻找求解的方法，有时思考时间长了就伏案睡着了。

他对大师的崇拜与日俱增，对知识的渴求也越来越强烈，每天都期待着洪保老师来上课，想象着老师能带来什么新的内容，会不会是一个引人入胜的话题。

在期待的目光中，洪保老师走了进来，用他那素有的富有磁性的嗓音问："同学们，你们会求圆的面积吗？今天我就讲一下与圆的面积 $S=\pi r^2$ 有关的古老的新月形问题。"

"古代人对直角三角形的毕达哥拉斯关系早就有所认识，如果三角形 ABC 是直角三角形，那么有 $c^2=a^2+b^2$。作为命题，一般来讲正命题成立，其逆命题不一定成立，可是毕达哥拉斯定理却是正命题、逆命题均成立的，这在当时被称为'伟大定理'。有了它，古人还成功地计算出棱台的体积呢！而新月形的面积也正因为这个公式而引发出来。古希腊人在求一种边缘为两个圆弧的平面图形——新月形的面积时，其思路就是建立在三个初步的公理之上：

1. 毕达哥拉斯定理；

2. 半圆所对的圆周角为直角；

3. 两个圆形或半圆形的面积之比等于其直径的平方比。

正如一位古代评论家普罗克洛斯所说：‘做出了新月形的等面积正方形并在几何学中做出许多其他发现，他一定是一位作图的天才，如果曾有这样的天才的话。’1771 年，伟大的数学家欧拉（L. Euler，1707—1783）总结出来共有五种类型的新月形面积可以化为平方表示，由此有了许多复杂的图形面积。”

第三章　数学的天才

沉寂多年的火山一旦爆发，那能量之大是令人难以置信的，经过了昏昏沉沉的几年之后，在洪保老师的精心培养下，阿贝尔令人惊奇的数学才能显现了，他常常能做出别人束手无策的难题，并且能进一步思考提出新的问题。洪保老师虽然不是有创造力的数学家，但他深知阿贝尔的数学才能，在频繁的师生接触中，洪保老师感到自己有些方面的确已不能帮助和辅导阿贝尔了。洪保老师在课余时间里，经常带着阿贝尔去学校图书馆、市区图书馆，向小阿贝尔展示世界著名数学家的思想。“呵，多么宏大的历史呀，这么多的数学故事……”公元前600年的泰勒斯（Thales）是“知其然，更知其所以然”的第一位数学家，毕达哥拉斯的整数公度比，稍晚的欧多克索斯（Eudoxus）的相似三角形证明和穷竭法，欧几里得的《几何原本》，阿基米德的巧求面积、无穷级数、抛物形确定的弓形面积……阿贝尔看到这一切高兴极了。洪保老师能体会阿贝尔的心情,两人时常来图书馆学习这些内容。阿贝尔除了对古代数学中巧妙的证明和公理有兴趣外,还逐渐接受了极限、无限过程的思想,孜孜不倦地读起牛顿的《微积分》论文来。阿贝尔读书时还时常在笔记本上记着各种颜色的符号和问题,并注明自己的思路。有时带着问题向洪保老师请教:“老师,您在讲到新月形面积时说古代希波克拉底求这种图形的方法,后来人们就转到注意‘化圆为方’求面积的思路上,从直观上圆的面积经过拉伸变化会等同于正方形面积,但是真的能用直尺和圆规作出这个同等面积的正方形吗?”

“还有,欧几里得《几何原本》中的几何概念、命题可以用代数方程形式表达吗?代数和几何是否有一定的联系呢?”阿贝尔不停地问着。洪保老师对这些问题并不是都能回答出来,但凭着感觉他想了想,就代数和几何关系这个问题告诉阿贝尔说:“代数和几何是有密切联系的,几何的公设常常会产生于直观,但要严谨地证明就要求助于代数学的公式,反之也是一样的。”

“那您说阿基米德的《论球和圆柱》中证明的命题：任一正圆柱除上下底面以外的表面积等于一圆的面积，该圆的半径是圆柱的高与底面的直径的比例中项。从他的证明过程中我知道命题的含意就是说半径为 r，高为 h 的圆柱体的侧面积 = 圆面积（某一个以 x 为半径的圆）。”接着阿贝尔把过程写下来

$$\frac{h}{x}=\frac{x}{2r}\text{亦即 } x^2=2rh$$

也就是圆柱的侧面积 S = 某个圆面积了。即

$$2\pi rh=\pi x^2$$

“可是 π 是否可求出精确值呢？π 是代数数吗？”阿贝尔提出一串问题。

从阿基米德的另一命题：任一球体的表面积等于其最大圆之面积的 4 倍。阿贝尔和洪保说：“老师，阿基米德的证明方法是先证明球体表面积不可能大于这个结果，然后再证明球体的表面积也不可能小于其最大圆面积的 4 倍。这种方法太巧妙了。”归谬法就是一种将“反设”作为条件，由此出发经过正确的推理，导出矛盾的方法。“老师，阿基米德的双重归谬法得到了严谨又巧妙的证明结果，是吗？”

若让最大圆的最大面积为 πr^2，那么球体表面积 $S=4\pi r^2$，这个问题的奇特性在于没有任何直觉能让我们感到球体的表面积恰好等于最大横截面面积的4倍，为什么不能是4.01、4.05倍呢？阿贝尔思索着，不时地点着头，他被球体的这一奇异的固有特性所吸引，嘴中感叹着“这是数学的经典”。

阿基米德的命题：任一球体的体积等于底面积为最大圆的面积，高为球体半径的圆锥体体积的4倍。

阿基米德的命题：圆柱体外切球体，则圆柱的表面积和体积分别等于球体的一倍半。阿贝尔沉思着，眼睛中充满着敬慕，阿基米德的想象力太丰富了，他对数学的贡献真是无人能出其右，数学会是如此精巧，令人感到完美的艺术……阿贝尔的遐想被老师的问话所打断。“阿贝尔，你还有问题吗？”“嗯，我在想我应该怎样思考问题，像前辈大师那样吗？”“好了，我们以后一起来想，探讨数学的历史是辉煌又有趣的，你一定会有收获的，小阿贝尔。”洪保老师感到阿贝尔数学的思维能力和理解能力都进步神速，有些问题已超出自己所能回答的范围，他已经提前学完了中学数学的课程内容。学年末,洪保老师给了阿贝尔很高的评语:“一个数学天才!”而洪保老师在数学上最大的贡献也正是发现和培养了这个后来举世闻名的数学天才,这个闪耀的数学之星。

知识的积累孕育着从量变到质变的飞跃。很快阿贝尔掌握了数学分析的相关知识,从阿贝尔的数学笔记中可见他对方程和代数有着浓厚的兴趣,并且阅读了大量数学文献。洪保老师对阿贝尔的勤奋与思考才能喜欢备至。洪保老师对阿贝尔的鼓励和评价使阿贝尔在中学校园里成为“数学的天才”,有的同学还开玩笑地问他:“阿贝尔你是人还是神呀!”老师上课的内容阿贝尔不需要听就能写出思路清晰、简捷的结果,他不再只是掌握老师教的概念方法,而是运用已超出了老师讲授范围的解法。洪保老师常常把阿贝尔的试卷作为考题的答案,洪保老师对阿贝尔的喜爱程度之高,以至于学校的校长不得不让他节制一下成绩簿中关于阿贝尔的评述。洪保老师按捺不住自己对阿贝尔的喜爱,一有机会就跟自己大学里的朋友介绍阿贝尔的数学天分,盼着小阿贝尔能有机会进入大学系统学习数学。克里斯蒂安尼亚大学的教授们已经从洪保这里了解到了这个有希望的少年，有些教授也通过洪保结识了阿贝尔。这一切都使小阿贝尔心中早已生根的这棵数学参天大树的种子更快地成长……一朵含苞欲放的奇葩即将绽蕾吐芳。

自从阅读并透彻领会了前辈们的伟大著作后，真正的数学就不仅仅是阿贝尔严肃艰苦的工作，而是使他着迷的爱好。若干年后，有人问起阿贝尔是怎样设法这样迅速地赶到前面去的，阿贝尔的回答是耐人寻味的："靠向大师们学习，而不是向他们的学生学习。"这是一味使那些庸俗的教科书中有害而无益的平庸教学法得以改进的解毒剂。

阿贝尔正是凭借着这个方法开始了他辉煌的数学攀登之路，开始了一个又一个超越，也开始了他贫困的一生。

第四章 研究二项式定理

带着思考和严谨论证的想法，阿贝尔开始认真研究数学的证明问题。课本上的好多定理都是前人证明过了的，而且老一代大师们也认为他们已经证明了很多，可实际上好多看似证明完毕的定理其实根本就没有完成，或许是大师们意在指引方向，让后来人去完成，或许是由于大师们的疏忽，抑或是无法证明，总之不管什么理由，反正是存在着好多遗憾。可是我们想象一下，就连大师们都没给出的证明会是什么难度，所以尽管好多证明并不充分，也没有多少人来追究一下，这就是数学界的悲哀，数学真理总是那么美好，要找出新的结论却是太难太难了。敢于向权威挑战的人太少了，就算有，可又有几个能够成功呢？少之又少了吧。阿贝尔心想："那么，我能发现什么呢?”

阿贝尔时常凭借自己极其敏锐的头脑,探索前辈们推理中的不足,希望自己能够弥补这些不足,使得推理无懈可击。后来阿贝尔以他短暂的一生实现了自己的愿望,弥补了许多前人留下的缺憾,使得数学在理论方面更加完善了。

16 岁的阿贝尔在拜读数学大师欧拉的一篇论文时发现,二项式定理的证明是可以继续扩充的。牛顿也在这个问题上进行过尝试,但是他并没有做到对这个问题的完善扩充。

代数学中最为常用的公式之一是二项式定理:$(a+b)^2=a^2+2ab+b^2$,$(a+b)^3=a^3+3a^2b+3ab^2+b^3$,…,$(a+b)^n=\cdots$当 n 很大时,展开式的系数关系被 13 世纪中国数学家杨辉发现了,即在欧洲被称为“帕斯卡三角”的排列。牛顿对于指数 n 取分数、负数时的情况是这样证明的

$$(P+PQ)^{\frac{m}{n}}=P^{\frac{m}{n}}+\frac{m}{n}AQ+\frac{m-n}{2n}BQ+\frac{m-2n}{3n}CQ+\frac{m-3n}{4n}DQ+\cdots$$

其中 $A,B,C,D,\cdots$ 表示展开式中该字母所在项的前一项。

牛顿的证明看起来很繁琐，然而细心读下去，阿贝尔发现其证明的巧妙，同时他构思出 n 在分数、负数、有理数和无理数范围内成立的依据。方法如下

$$A=P^{\frac{m}{n}}$$

$$B=\frac{m}{n}AQ=\frac{m}{n}P^{\frac{m}{n}}Q$$

$$C=\frac{m-n}{2n}BQ=\frac{\frac{m}{n}\left(\frac{m}{n}-1\right)}{n}P^{\frac{m}{n}}Q^{2}$$

$$D=\frac{m-2n}{3n}CQ=\frac{\frac{m}{n}\left(\frac{m}{n}-1\right)\left(\frac{m}{n}-2\right)}{3\times 2}P^{\frac{m}{n}}Q^{3}$$

从牛顿的公式中分别提取公因数 $P^{\frac{m}{n}}$ 就得出

$$P^{\frac{m}{n}}(1+Q)^{\frac{m}{n}}=(P+PQ)^{\frac{m}{n}}$$

$$=P^{\frac{m}{n}}\left(1+\frac{m}{n}Q+\frac{\frac{m}{n}\cdot\left(\frac{m}{n}-1\right)}{2}Q^{2}+\frac{\frac{m}{n}\left(\frac{m}{n}-1\right)\left(\frac{m}{n}-2\right)}{3\times 2}Q^{3}+\cdots\right)$$

消去 $P^{\frac{m}{n}}$ 得

$$(1+Q)^{\frac{m}{n}}=1+\frac{m}{n}Q+\frac{\frac{m}{n}(\frac{m}{n}-1)}{2}Q^2+$$

$$\frac{\frac{m}{n}(\frac{m}{n}-1)(\frac{m}{n}-2)}{3\times 2}Q^3+\cdots$$

在展开$(1+x)^3$时用x替换Q,用3替换$\frac{m}{n}$就得到

$$(1+x)^3=1+3x+\frac{3\times 2}{2}x^2+\frac{3\times 2\times 1}{3\times 2}x^3+$$

$$\frac{3\times 2\times 1\times 0}{4\times 3\times 2}x^4$$

$$=1+3x+3x^2+x^3$$

恰好就是“帕斯卡三角”的排列系数。这样的展开证明法对于指数为负数、无理数情况的证明亦成立。

这个证明至今为数学界所公认。但在当时,尽管他的证明正确,但有谁会相信一个16岁的中学生能填补上大师证明上的空白呢?不仅仅那些平常人不相信,就连当时的大师们也难以接受这一事实。但只有一个人相信,那就是洪保老师,他相信阿贝尔大胆的创新式设想和证明。对于二项式定理的证

明,只有阿贝尔澄清了细节。阿贝尔第一次向数学王国迈进,却难以被承认。天性乐观幽默的阿贝尔一直以惬意的笑容面对世界。在他的眼里满是鸟语花香,风和日丽,就连阴风怒号的暴风雪之夜也被他看成是大自然在展示阳刚之气。或许是阿贝尔家族遗传基因的缘故,天主教在他们身上的影响已根深蒂固了。世代在教会工作又使他们对天主教有些区别于其他信徒的表现,那就是在阿贝尔身上无时无刻不流露出一种乐观向上的精神。可能是由于他生在挪威的动荡时期,但生活仍然过得去的缘故,也可能是因为青年人豪情壮志在我胸的原因。总之,自从听了洪保老师对数学慷慨激昂的"就职演说"之后,阿贝尔的确把生命的全部意义尽情地诠释,把激情与智慧在数学研究上恣意地释放,让自己的努力和天赋在数学史上闪光,使数学的内容更加丰富。

同时,阿贝尔相信自小就从母亲那里继承来的一种想从生活中得到比永久的艰苦工作更多东西的很富于人性的愿望会自然地实现,因为他觉得自己有这个能力。所有的这些想法对于一个只有十几岁的年轻人来说都是正常的,因为他们的社会经历还太少，他们以自己为中心构造一个又一个美丽的世界，就像少女总爱生活在一个梦幻的世界里去等待一次童话般的奇遇一样。他们只看到了自己，过高地估计了自己的个人能力。这也是导致阿贝尔一生怀才不遇、英年早逝的一个重要原因。

第五章　求解五次方程

在数学史上，有许多悬而未决的难题，诸如哥德巴赫猜想、费马大定理、孪生素数问题等，常常是人类几百年甚至上千年久攻不下的堡垒，很少有人敢去尝试破解它们，偶尔有大师投身于其中也是长时间不能解决。这些难题自然有它们难以攻破的关键地方。因此，没有足够的自信心，人们是不会去冒很大风险来试图求解的。而天才的阿贝尔在他中学毕业前就以一种初生牛犊不怕虎的蓬勃朝气和顽强劲头向一道世界级难题——一元五次方程的根式解发起猛攻。

正如洪保第一堂课中讲到的："自然界中存在着一座宝山，宝山里面有一个藏着无穷财富的宝库。要是找到打开宝库大门的钥匙，这无数的宝藏就会给人类带来巨大的幸福。瑰丽的色彩和神奇的诱惑力紧紧地吸引着人们去寻找那闪光的金钥匙。方程就是自然界中已知与未知关系的数学表达式，要能找到方程的解法就能打开自然界的宝库。”

“大家知道,一元一次方程 $ax+b=0$,只有一个根 $x=-\frac{b}{a}$;二次方程 $ax^2+bx+c=0$,一般有两个根式解 $x_{1,2}=\frac{-b\pm\sqrt{b^2-4ac}}{2a}$;而寻找三、四次方程的根式解的公式却费了一番周折。”

“16 世纪,对于缺项的三次方程 $ax^3+cx+d=0$,希皮奥内·德尔费罗已求出解来。继而一个终生受尽多种疾病折磨的帕多瓦大学优异的医学毕业生卡尔达诺与意大利数学家费拉里(L. Ferrari)一起寻找 $x^3+bx^2+cx+d=0$ 的解。立足于将一般方程化为缺项三次方程,他们都解决了一般三次方程的根式解问题,同时费拉里还发现了四次多项式方程的解法。在卡尔达诺出版的数学名著《大法》中把代数称为‘伟大的艺术’,并在其中讨论了一些简单的代数问题。在他的关于‘论三次方加一次方等于常数’的论文中展现了三次方程的解式。为此卡尔达诺写了序言:‘博洛尼亚的希皮奥内·德尔费罗在近三十年之前便已发现了这一规则,并将其传给了威尼斯的安东尼奥·玛里亚·菲奥尔,而菲奥尔与布雷西亚的尼科洛·塔尔塔利亚的竞赛使尼科洛有机会发现这一解法。后来,塔尔塔利亚应我的恳求,向我公开了他的发现,但保留了对这一解法的证明。在这一帮助下,我发现了各种形式的证明,这是极为艰难的。'”

令人感到意外的是:其一,卡尔达诺并没有给出解一般三次方程的证明,只列举了一种特殊形式——缺项三次方程,即

$$x^3+6x=20$$

化成一般形式

$$x^3+mx=n$$

其二,卡尔达诺的论证是一种纯几何形式的,涉及真正的立方体及体积。然而,卡尔达诺在《大法》的第十一章中阐述了重要命题,并附有巧妙的对于三次方程的分析。这初看起来很混乱,但如果用更常见的代数方法重新演算一遍,就会发现这是极为正确的规则。他是这样叙述的:

卡尔达诺定理:解 $x^3+mx=n$ 的法则:

用 x 系数三分之一的三次方加上方程常数项一

半的平方，求这整个算式的平方根。重复这一算式，并在第一个算式中加上方程常数项的一半，从第二个算式中减去方程常数项的一半……，然后用第一个算式的立方根减去第二个算式的立方根，其差即为 x 的值。即

$$x=t-u=\sqrt[3]{\frac{n}{2}+\sqrt{\frac{n^2}{4}+\frac{m^3}{27}}}-\sqrt[3]{-\frac{n}{2}+\sqrt{\frac{n^2}{4}+\frac{m^3}{27}}}$$

这就是缺项的三次方程的“根式解”或“代数解”。

卡尔达诺的伟大发现——适当的置换，将一般方程 $y^3+by^2+cy+d=0$ 转换为缺项三次方程 $x^3+mx=n$，妙在令 $y=x-\frac{b}{3}$，代入方程有

$$x^3+(c-\frac{b^2}{3})x+(\frac{2b^3}{27}-\frac{bc}{3}+d)=0$$

亦即换成了 $x^3+mx=n$ 的形式，这样的一个变换不禁使人想到二次方程是否也可以化简呢？设二次方程一般形式为 $ax^2+bx+c=0(a\neq0)$，引入 $x=y-\frac{b}{2a}$，同样可以得出二次方程 $ay^2=\frac{b^2-4ac}{4a}$，亦即 $y=\frac{\pm\sqrt{b^2-4ac}}{2a}$，亦即 $x=y-\frac{b}{2a}=\frac{-b\pm\sqrt{b^2-4ac}}{2a}$。这

么好的降次转换却带来了一个重大的问题。例如$x^3-15x=4$，$x=\sqrt[3]{2+\sqrt{-121}}-\sqrt[3]{-2+\sqrt{-121}}$。当时，卡尔达诺认为“负数的平方根（也就是我们今天说的虚数）是绝对荒谬的”，因此卡尔达诺没有抓住这一个机遇，只好放弃了。二百年后，欧拉发现了“虚数”或“复数”的重要性，随后一些数学家利用复数进行运算。可以说卡尔达诺是16世纪最后一位伟大的意大利代数学家。

费拉里和卡尔达诺一样研究了三次方程后，用非常巧妙的方法推出了四次方程的求解方法。然而卡尔达诺-费拉里著作中留下了一个悬而未决的问题——五次方程代数解的问题。

阿贝尔看到，前四次的一般方程，都已经给出了有限（封闭的）公式，即用已知的系数a、b、c、d、e表示未知数x。前四次方程中的任意一个的解都能够只用有限的加、减、乘、除和开方来得到，并且运算都能用已知的系数实现，这样的解称之为代数解。在代数解的这个定义中，一个重要的条件是“有限”，描述任何代数方程的根不包含开方的解毫无困难，但是这样的确包含着其他运算的无限性。

在成功地求出了前四次代数方程的根式解之后,代数学家们奋斗了差不多三个世纪,力求求出一般的五次方程 $ax^5+bx^4+cx^3+dx^2+ex+f=0$ 的一个类似的代数解,但他们失败了,阿贝尔的工作就从这里开始。

可以想象,这个代数学家们研究了近三百年仍悬而未解的难题,阿贝尔需要多大的勇气和决心来面对呢?可是年轻人"天不怕、地不怕"的天性使他义无反顾地开始了求解工作。经过一番推导演算和从各种不同角度探索求解的途径,终于,他拿出了一个答案。我们很容易想象出,当阿贝尔认为他取得了成功时的那种狂喜的心情。尽管以前他在二项式定理的证明方面也有所成就,但比起五次方程的求解来说那就显得微不足道了,毕竟这是一道困扰了数学界几百年的问题。

阿贝尔把他的解答拿给恩师洪保看。洪保老师听说他攻下了五次方程的解这一世纪难题,很是兴奋,他为阿贝尔高兴,更为自己发现了这个天才而自豪。可是洪保老师虽然在挖掘人才方面有眼光,但是真正谈到学术问题上，他就有些力不从心了。他看了阿贝尔的证明，无论如何也看不懂，但他知道这份解答的分量。所以他不敢怠慢，很快把这篇论文转交给了他所结识的大学教授汉斯坦（C. Hansteen，1784—1873）。

汉斯坦是一位著名的天文学家，大学里的一流科学家。洪保老师详细地向汉斯坦教授介绍了阿贝尔的情况：15 岁自学微积分以及欧拉、高斯的著作，具有举一反三的思维能力和创造性，常常给出严谨巧妙的解题方法等。他把他发现的这位天才描述得神乎其神："教授，当日月和星辰都暗淡无光时，唯有他在闪耀，他的创举将永恒。"汉斯坦被洪保老师说得激动起来，他为挪威又出现一位数学的天才而感到由衷的高兴。他看了阿贝尔的解答，可他看了好几遍，也看不出所以然。但当他试图从中找出些破绽来时，又无从下手。这位大师遇到了难题，因为他极力想说服自己相信这样伟大的结果是一个中学生得出来的。后来他又把这份手稿给许多数学家看，或许是阿贝尔写得太深奥，也或许是谁也没有仔细分析过这个后生的"不知天高地厚的杰作"，反正在挪威没有人能够看懂。汉斯坦就把这份他认为很有价值的文稿移送到了丹麦当时最有学问的数学家达根手里。达根教授听了汉斯坦的介绍后对这位后生的文稿非常重视,仔细地研究了一下,并且琢磨了许久,搞清楚了阿贝尔另辟蹊径的数学思路,并且也没有发现论证本身有什么错误之处。

对于阿贝尔来说,幸运的是达根要求他进一步详细地证明,而没有就解答是否正确提出自己的意见。达根凭直觉认为:“如此著名的难题绝非是一个中学生所能解决的。”尽管如此,他还是对这位天资过人、坚韧不拔的青年赞赏不已。在他给汉斯坦的回信中写道:“即便是阿贝尔的论证有什么错,也足以显示出他是一个很有数学天赋的人才。希望你能够为这位数学新星做些什么。同时我觉得在五次方程上没有多大的文章可做,而且不容易被人们所认同。我建议他把注意力转移到另一个题目上,可以研究椭圆超越数(椭圆积分)。它的发展将对分析学及力学产生重大影响,有适当资格进行这类研究的人绝不应仅仅局限于这种最值得注意的函数的美妙性中,而应能够发现一个通向广阔无垠的分析海洋中的麦哲伦海峡。”

汉斯坦教授接到了达根教授的信，很是兴奋，急忙把洪保老师和阿贝尔叫到自己家里。当洪保老师和阿贝尔按响汉斯坦家的门铃时，汉斯坦兴冲冲地亲自出来迎接客人。据说当时因为着急，他只穿了一只鞋，可见其急切想见到阿贝尔的心情。阿贝尔非常谦虚地与汉斯坦打招呼、问候。汉斯坦望着眼前这位个子高高又十分英俊的后生点了点头，因为他从阿贝尔身上看到了勤奋和聪明的特质，也看到了数学界的希望。接着汉斯坦拿出了达根的信给洪保和阿贝尔看。洪保老师看了达根信中表扬阿贝尔的话后很欣慰，为自己慧眼识才而自豪，而阿贝尔看后却陷入了深深的沉思。

从汉斯坦家里回来，由于教授的鼓励和指点，阿贝尔攀登数学高峰的信心和勇气更足了。一方面，他接受了达根的建议，开始构造一个五次方程解的例子，研究了各个方面可能出现的问题。在这个过程中他狼狈地发现自己的方法是错误的，这个想象的解答根本就不是解答。这次失败给了他一个非常有益的打击。因为当时正值毕业期间，这个课题他没有继续钻研下去,暂时搁置了下来。

另一方面,他接受了达根关于研究椭圆函数的建议,并且希望在今后几年内在这方面取得较大的成就。

至于五次方程的问题,他也有了一个初步的设想。

这两个方向的设想给他今后的研究确定了方向。可就在他踌躇满志的时候,一件意想不到而又十分不幸的事发生了,从此他的生活发生了逆转。

第六章 父亲过早地去世了

19 世纪 20 年代初的挪威还处于瑞典的统治之下，举国上下一片动荡。阿贝尔的父亲老阿贝尔牧师在 1816 年曾经历了一次失败的竞选，失败后，阿贝尔牧师仍然致力于政治工作。受家族风气的影响，他很想通过自己的努力来为国家创造一丝安宁。经过他不断地努力和出色的工作，这位哥本哈根大学毕业的高材生终于在 1818 年被重新选入了议会。但是长时间的政治斗争使他变得怪异起来，由于他对其他代表进行激烈而又无根据的指控，因此受到了弹劾的威胁。政治上的不如意使他开始酗酒，在昏昏沉沉中度日，以此作为一种解脱。所有这些都使他成为各大报纸嘲笑的对象，在媒介以及政治对手的猛烈攻击下，怀才不遇的老阿贝尔牧师的政治生涯结束得很悲惨。

当他极不情愿地从政治舞台上退下来以后，满腹的怨气和各界无情的攻击嘲讽都使他感到极度的耻辱，年轻时所有的理想、梦想都在残酷的现实中破灭了，当年那个潇洒倜傥的神学家变得一蹶不振。每天他都当着妻子的面酗酒，而这种行为，作为自己所在教区的牧师来说，又是一件丑闻。

有趣的是，天生美丽浪漫的阿贝尔夫人与老阿贝尔牧师在多年的夫妻生活中，一直保持着极好的关系。在严肃与激情之中，他们找到了和谐点。所以当老阿贝尔不如意的时候，作为妻子的阿贝尔夫人无力为他做些什么，只有陪丈夫一起喝酒，幻想借此来消除牧师心中的不快。可是悲剧还是不可避免地发生了。1820 年，48 岁的老阿贝尔牧师过早地去世了。人们普遍地认为这是一种解脱。

父亲的过早去世使阿贝尔无忧无虑的生活就此终结。18 岁且刚刚中学毕业的他担起了照顾母亲、哥哥和 5 个弟弟妹妹的担子。阿贝尔很有信心，心甘情愿地负起了这个突然而至的责任。因为从母亲那里学会的不只是工作，而是想从生活中得到更多感悟的人生态度激励着他顽强地生存下去。阿贝尔是一个温和乐观的人，他很公正地预见到自己会在大学里做一个受人尊重的、不错的数学教授。同时他也可以给私人授课，做他所能做的一切。顺便提一下，阿贝尔可以说是一个很成功的老师，要是他能随心所欲，贫穷绝不会使他伤脑筋。任何时候他都能想到办法为他自己简朴的生活挣到足够的钱。虽然他可以使自己生活得很好，就算再养活一个人也不会使他太为难，但要是背上压着 7 个人的担子，他就毫无希望了。

但是阿贝尔从不抱怨，而是把这一切看作是可以轻而易举地克服的日常生活中的一部分。继续利用他的每一点空闲时间进行数学研究，因为他觉得上天既然让他来到世间，就是想让他发挥天才的作用，来为人类在数学方面提供些有用的创举。

当阿贝尔举步维艰的时候，他一方面要屈尊做各种小工来挣些钱，以便使自己的债台不至于太高；另一方面，他更加珍惜时间，抓紧他的研究工作。这时，可以算是阿贝尔的贵人的洪保又一次帮助了他。洪保相信他自己是遇到了一个空前伟大的数学家，于是尽他所能地为这个年轻人寻求补助金，但他的努力在当时的条件下起不了多大作用。在那些艰难困苦和拼命工作的日子里，阿贝尔想使自己不朽，也为自己播下了置他于死地的疾病的种子，而他的数学研究工作只完成了一半。

数学的精确与完美是多少数学家们锲而不舍地分析、证明、推理并以一些定理、公理等形式展示出来的。又有几人会想到这其中的每条又包含着多少人的心血，是多少人在比普通人更普通的艰苦生活中忘我地努力奋斗、不断钻研才得出的结果。虽然阿贝尔的生活不富裕，但他的成就是辉煌的。但悲哀的是，其一生的经历使他的才华不能得以充分施展，也迫使他不得不分出很大一部分精力来叩开数学大师的大门，以便能够得到一些指点和承认。

阿贝尔即将中学毕业了，原来怀抱着对数学的兴趣想进入大学的愿望，由于父亲的过早去世变得渺茫了。母亲领着哥哥和5个弟弟妹妹，一家人过着十分艰难的日子,他必须分担妈妈的困苦,承担起家庭的重担!他要挣钱谋生,但是对未来生活的憧憬和对在大学里做出更大成就的渴望使他矛盾了,茫然了……

第七章 靠募集的钱上大学

阿贝尔童年、青年时期的热望和进入数学王国的梦就要被坎坷的生活击碎了，他时常在困苦中思索，每当此时，邻居柯兰西阿婆总是抚摸着阿贝尔的臂膀念叨着："上帝会保佑你的，记得耶稣的故事吗？在你最困难的时候，主耶稣会穿着草鞋轻轻地走来，叩开你的大门帮助你的，孩子去放松地玩玩吧。"阿婆的话是安慰，也正是阿贝尔不幸的生活出现转机的预示，阿贝尔的启蒙老师洪保因为大学缺少师资和他的热心教学又调入大学工作了。洪保老师既是引阿贝尔进入数学王国的导航员，也是阿贝尔知心的朋友，他深知阿贝尔生活的艰苦和为家人的生活做出牺牲的困惑。他来到阿贝尔家中鼓励他上大学，要他相信依靠自己特殊的数学才能可以获得奖学金，照顾家里的生活。在不幸和担心中阿贝尔感受到老师的厚爱，也盼着在大学里继续深入地研究五次方程求解和椭圆函数，他的心里重新燃起梦想。洪保不忍心这位很有前途的数学天才从此埋没，便四处活动为阿贝尔募集了一笔上大学的资金。阿贝尔内心深处十分感激自己的老师，他也知道只有在研究方面做出成绩才对得起恩师付出的心血。

阿贝尔在 1821 年秋天，如愿以偿地考入了首都克里斯蒂安尼亚大学，在洪保老师慷慨解囊和募捐之下，阿贝尔暂时解决了生活困难。而且，他在学校的宿舍得到了一间免费的房间，并获准让他的弟弟彼得与他同住，这也为他减轻了一部分家庭的压力。尽管阿贝尔的功课，特别是数学极为出色，但是这所大学没有奖学金。

“天无绝人之路”，阿贝尔以自己的才能吸引了许多识才的教授，他们都从慕名到熟悉，凡是与阿贝尔交往过的教授都感到这是一个不可多得的诚实可爱、勤奋好学的数学天才。所以，一些老师就自发地拿出自己薪金的一部分和生活用品来资助这位年轻人，这是非常难能可贵的。

战争和荒芜的土地使挪威的国民生活很困难，尽管大学教授的收入还过得去，但若拿出一部分给阿贝尔，那就所剩不多了。

阿贝尔比较善于交流，他很快与相关专业的教授熟悉了，而且成了这些教授家中的座上宾，他经常到教授家里与他们讨论一些数学问题，在这过程中，他的天才思维得到了很大程度的发挥。尤其是汉斯坦，更是阿贝尔热情的支持者，他经常把阿贝尔领到自己的家里。汉斯坦的妻子和妻妹都很喜欢这个英俊、聪明的年轻人，所以阿贝尔也就受到了很好的接待。

在这期间，阿贝尔开始了探索数学新领域的研究，并写出了许多有价值的论文。他认真地学习了古典数学中有关希波克拉底如何成功地求新月形面积的知识，知道了“化圆为方”求面积也是一代又一代数学家热衷的项目，但最终都未能如愿。渐渐地，数学家们开始怀疑也许根本不可能用圆规和直尺作出圆的等面积正方形。如果“化圆为方”不可能的话，就必须借助于其他逻辑严密的定理来证明这一事实，因为没有人会怀疑必然存在着一个与已知圆面积相等的正方形。但关键是能否用圆规和直尺作出这个正方形。抛开这一几何问题而转向数学关系，近代数学家们把实数的全体用集合表示，则定义满足下列代数方程：$a_nx^n+a_{n-1}x^{n-1}+\cdots+a_2x^2+a_1x+a_0=0$ 的实数为代数数，其中所有系数 a_n，$a_{n-1},\cdots,a_2,a_1,a_0$ 都是整数。因此，有理数$\frac{2}{3}$是代数数，因为它是多项式方程 $3x-2=0$ 的解；无理数$\sqrt{2}$也是代数数，因为它可以满足 $x^2-2=0$；甚至$\sqrt{1+\sqrt{15}}$也是代数数，因为它满足 $x^6-2x^3-4=0$。可见，整系数多项式的解是代数数。从而易知：整数、分数及其平方根、立方根也都是代数数。相反，如果一个数不是代数数，它必为新型数，即不是任何整系数代数方程的解。由此可见，代数数不是新型数，新型数也不是代数数。圆规直尺确定的图形都是构造的代数数解。那么新型数又具有哪些性质？圆的新型数性质又是什么形式？阿贝尔在这个问题上，进行了长时间的思考和探索（后人称新型数为超越数）。

更耐人寻味的是 π 是不是代数数呢？这成了阿

贝尔关注的热点之一。细心好学的阿贝尔在数学领域中阅读有关π的文献。关于π的引入和近似值的探索到17世纪中叶已进入了第三阶段。牛顿应用广义二项式定理和微积分(流数法)比较轻松地计算出π的近似值;莱布尼茨(G. W. Leibniz,1646—1716)用级数来近似代替$\frac{\pi}{4}$;阿基米德的正多边形的几何问题转变成算术问题;伯努利兄弟关于调和级数$1+\frac{1}{2}+\frac{1}{3}+\cdots+\frac{1}{n}+\cdots$的和是无穷的证明;非常难的$1+\frac{1}{4}+\frac{1}{9}+\frac{1}{16}+\cdots+\frac{1}{k^2}+\cdots$求和的公式……大学给了阿贝尔接触现代数学的良好机会,他先后阅读了数学大师的《微分学原理》《无穷小分析引论》、变分法思想、椭圆函数、微分方程、泰劳展开、多项式分解乘积以及古典数学公式的推广应用,如帕斯卡(B. Pascal,1623—1662)把$(a+b)^n$的二项展开式的系数巧妙地用在概率论领域(从n个不同元素中任意取出k个不同元素的组合恰好是$(a+b)^n$中的第$k+1$项系数,又是数学的精确与完美的体现)。在对多个分支的学习思考中,阿贝尔产生了一系列的分析方法和创造性思维，对勒让德的椭圆理论的学习是阿贝尔展现多分支知识的一个主要方面，他运用微积分思想完成了椭圆函数、椭圆积分等许多构想和文章。转眼到了1822年6月，阿贝尔通过了学校的哲学考试后，获准减免了一些课程的学习，可以专心于数学研究了。他在大学里的名望越来越高，两年来他仔细地阅读研究了首都各图书馆的数学文献，形成了他个人对数学的独到见解。

第八章　我能做些什么

阿贝尔对数学大师的著作越发惊叹了，他关注着各个分支的文章，可是他很困惑：我要在数学上做些什么呢？在多年的接触中，洪保老师已成了阿贝尔思想和情感上的良师益友，他遇到问题总要请教洪保老师。

“阿贝尔，又遇到什么问题了，为什么心绪不宁呢？”

“老师，接触、阅读数学著作的过程中，我思考的问题也越来越多，如何着手分析这些问题，怎样形成自己的研究方向，我能做些什么？……”

“好吧，咱们先谈谈自学成才的笛卡儿的故事。公元1617年5月，法国公爵奥伦治的军队屯驻在荷兰南部布勒达城。部队中有一名军人名叫笛卡儿。这个人没有上过大学，只上过耶稣教会学校。有一天，笛卡儿在大街上走着，忽然见一堆人聚在一起，不知何事。好奇的笛卡儿走到跟前,见众人围着一张榜文议论纷纷。榜文是用荷兰文写的,他一点也看不懂,这时一位有学者风度的人走了过来自愿充当‘翻译’,原来榜上是一道悬赏征解的几何题。好胜心驱使笛卡儿试一试,琢磨了几个小时后他写出了问题的答案。在旁边看着他认真推导了几个小时的‘翻译’,大为吃惊地发现笛卡儿的证明非常合理,两人交上了朋友。原来这位所谓‘翻译’就是贴榜招纳学士的多特大学校长。校长劝笛卡儿弃军从学,专门研究数学,笛卡儿对哲学和其他学科也有独到的见解,虽没有弃军从学,但是他对数学的研究不断深入。两年后,笛卡儿终于把‘形’和‘数’统一起来,创立了解析几何,后来笛卡儿成了著名的自然哲学家、数学家和物理学家。”

阿贝尔明白老师所讲故事的含意,会心地笑了,万事开头难,要学会总结读书的体会和方法。记得入学前他对五次方程求解时,发现了推理中的缺陷,怎样从方法论上重新考虑这个问题?五次方程是否一定有代数解呢?阿贝尔决定重新开始对方程的分析,并有了几乎全部的推理计划。

首都大学学术界对阿贝尔惊人的天赋逐渐有了共识。洪保和汉斯坦教授深信他将是一名卓越的数学家,正像农艺师 Rasmnsstn 写给他欧洲同事的信中描述的那样,挪威诞生了一个小神童,他的名字总有一天会照亮这个世界。

在学校即将放暑假的这段时间里,阿贝尔有许多时间集中思考数学问题,他时常一个人在宽敞明亮的大教室中寻找思路,写下自己的数学分析过程。阿贝尔把对当代数学领域的研究体会写成一些论文,并把其中两篇关于积分方程的论文送到学校文稿发行室,学校办公室里的工作人员都忙于放假的准备和计划,加之对数学文稿的理解和重视不够,编审发行人员一时疏忽,竟把阿贝尔的论文手稿给弄丢了。这样的遭遇对初出茅庐的大学生阿贝尔来说是家常便饭,阿贝尔在艰难生活的磨炼下已养成了坚毅、持之以恒的性格,他相信总会有一天,自己的数学思想会被人理解和重视的。

第九章　向人类智慧的极限挑战

经过洪保老师的启发，阿贝尔把中学毕业时有关一元五次方程代数解的论文再次进行了研究，并运用现代的代数理论，系统地分析了自己五次方程求解的思路，大胆地提出他对五次方程可能有代数解的怀疑。

继 16 世纪意大利数学家完成了四次方程的代数解公式后，当时的数学家深信，五次方程的代数解很快也会被找到，然而一个世纪过去了，还是没有结果。1683 年，一位自然科学家发表了一份研究报告，那是 17 世纪仅有的一份有关五次方程的研究文献。直到 18 世纪，五次方程的通解已成为当时著名数学家所关注的热点。欧拉、拉格朗日、范德蒙德(A. T. Vandermonde，1735—1796)等人一直致力于这个问题的研究，虽然取得了一些进展，但最终都没有成功。18 世纪末，意大利的一位数学家给出了一个大胆的设想，有关该设想的文章发表于 1799 年，文中指出五次方程可能没有通解，即五次方程不可解。这是代数史上的一个里程碑，然而对这个结论进行证明很难。

或许上天看到这个问题把人类折磨得太苦了，所以要让阿贝尔这个数学天才来完成这伟大的创举。

阿贝尔在自己的推导中提出疑问、补充论证，并在论证的思维方法上进行总结。进入大学后，随着阿贝尔数学思维能力的不断提高，在不断的迷失—求解—总结中，阿贝尔在思路上有了很大的进步。经过深思和总结，他明白了两个问题：其一，长期以来求解五次方程都失败了，是否五次方程不可能有代数解；其二，必须给出五次或五次以上的方程不存在代数解的严格证明。因此阿贝尔决定改变思路。但又如何否定近百年来数学大师们认真努力研究的成果呢？他仔细地研究了拉格朗日的关于方程根的问题，这是“整个问题的关键”。

阿贝尔在《关于方程的代数分析》的论文中记录着自己的思考方向，他这样写道：

“代数中最有趣的问题之一是求方程的代数解。我们发现几乎所有卓越的数学家都讨论过这个问题。我们能够很容易地得出前四次方程根的一般形式，发现解这些方程的一致的方法，于是人们相信这个方法也能应用到任意次的方程上。但是尽管拉格朗日和其他杰出的数学家尽了一切努力，预期的目标还是没有达到。这导致了一般五次及以上方程不可能用代数求解的推测，但这是无法确定的，因为他们所沿用的方法只是在方程可解的情况下才能推导出确切的结论。也就是说，他们提出解方程，却不知道方程是否可解。用这种方法确实可以得到一个解，虽然那解不是肯定的；但是假如运气不好，方程不可解，那就永远不会找到解。因此为了在这个问题上得出一些确实可靠的东西，我们必须采取其他途径。我们可以给这个问题这样一种形式，使得解答它总是可能的，就像我们对任何问题所做的那样。我们不是要找出一个不知其是否存在的关系，而是必须问一问这样一个关系是否的确有可能存在。当一个问题是以这样一种形式提出时,这个说法本身就包含着解答的萌芽和必须采取的途径。我相信,我们不能得出多少有些重要性的命题的情况,甚至当计算的复杂程度阻碍了对问题的完整解答时,也是如此。”

他接着写道:“这个要采用真正的科学方法,它需要的计算极其复杂,因而极少被采用。但是,在很多情况下,这种复杂性只是表面上的,计算开始后就消失了。”

他进一步分析:“我已经用这种方法探讨了分析学的几个分支,虽然我给自己提出的问题经常是超出我的能力的,但是我还是得出了大量的一般结果,这些结果有力地说明了量的性质,而阐明这些量正是数学的目的。我将在另外一个地方给出我在这些研究中得到的结果,以及我得到它们的方法。”

为了严格地论证这一设想,阿贝尔把证明方法重新进行总结,近二百年来求证四次以下方程的代数解的几何方法和代数转换与分析归类,都没有脱离解方程的量化关系,那么能否另辟蹊径从运用阿基米德的归谬法和方程解的排列特点入手呢?阿贝尔寻找归谬法和方程解的特点，从几个方面综合五次方程求解特点以及四次以下方程解的特点，在对此问题的思考中没有头绪时，他还是习惯性地让自己暂停一下，读些其他报纸和杂志。他顺手在图书馆书架上取下了一本高斯的《算术研究》。大师们的著作给了阿贝尔以启迪，在数论和因式分解中，阿贝尔学会了定义规则运算，那么方程求解问题也可按照类型进行划分来找出求解的规律性。

阿贝尔下意识地又重新开始钻研那道尚未完成的难题——五次方程求解：1. 可否从五次方程根的排列形式上去分析解的特点；2. 是否也可以定义一种抽象运算来分析证明四次以下方程与五次以上方程的差别呢？

阿贝尔确定了证明思路，并把思路概括地阐述为“一般求解五次代数方程是不可能的”，因为每个系数的作用不明确，不同的代入就会引起荒唐的结果，其分析过程如下：

首先，研究几个变量的代数关系式的通用表达式，然后用加、减、乘、除的根式来得出一些代数性质，幂次的增减和根式的表达都会相应出现在前面的级数运算中。不妨引进变量 x_1, x_2, x_3, x_4, x_5 的每一个有理和整数函数,也就是说,每一个函数是由前面两项运算(加、乘)构成的,其形式为如下有限项乘积

$$Ax_1^{m_1}, x_2^{m_2}, \cdots$$

其中 A 是常数, $m_1, m_2, \cdots$ 是整数。

进一步来说,这些变量的每一个有理函数都是由前三种运算(加、乘、除)构成的(由两个整数的商表示的)函数;每一个代数函数可以由下面(1)式

$$P' = f(x_1, x_2, \cdots, P_1^{\frac{1}{n_1}}, P_2^{\frac{1}{n_2}}, \cdots) \quad (1)$$

表达式的反复迭代来构成,其中 f 括号内的 P_1, P_2, …表示变量为 $x_1, x_2, \cdots$ 的有理函数, $n_1, n_2, \cdots$ 表示一些素数,这里 f 就是括号内的变量的有理函数了。为简便起见,用 P' 表示第 1 次序的代数函数,依次可以构造出第 2 次序,……,第 u 次序的代数函数,而且第 u 次序一定是代数地表达了第 $u-1$ 次序的运算性质。如果第 u 次序的函数有 m 个变量,用 V 表示为

$$V = q_0 + q_1 p^{\frac{1}{n}} + q_2 p^{\frac{2}{n}} + \cdots + q_{n-1} p^{\frac{n-1}{n}} \quad (2)$$

于是得出第一定理:有 m 个变量 u 次序的每一

个代数函数都可以用(2)式表示。其中 n 为素数，$q_0,q_1,\cdots,q_{n-1}$是 u 次序和 $m-1$ 个变量的代数关系。因此 p(是 $u-1$ 次序的代数关系式)不可能表示成 $p,q_0,q_1,q_2,\cdots,q_{n-1}$的有理表达形式 $P^{\frac{1}{n}}$。

此外有下列定理成立:如果一个代数方程在代数范围内可解,就可给出其根的代数表达形式,即该方程可表示成这些根的有理函数。

为证明这个定理,阿贝尔首先建立了一个含有未知变量 y 和 $x_1,x_2,\cdots$的有理函数构成的系数的方程

$$\psi(x_1,x_2,\cdots,y)=0$$

如果有代数解,则其根应满足下述关系式

$$y_1=q_0+q_1p^{\frac{1}{n}}+q_2p^{\frac{2}{n}}+\cdots+q_{n-1}p^{\frac{n-1}{n}}$$

$$y_2=q_0+aq_1p^{\frac{1}{n}}+a^2q_2p^{\frac{2}{n}}+\cdots+a^{n-1}q_{n-1}p^{\frac{n-1}{n}}$$

$$\cdots\cdots$$

$$y_n=q_0+a^{n-1}q_1p^{\frac{1}{n}}+a^{n-2}q_2p^{\frac{2}{n}}+\cdots+aq_{n-1}p^{\frac{n-1}{n}}$$

其中 a 是所设的整数根。

利用柯西的几个结论可以得到:

(1)几个变量的有理函数值的个数不少于 n 的最大素数不可能为1或2。

(2)如果有理函数有两个不同的根,则该有理函数将表示成

$$p+q(x_1-x_2)(x_1-x_3)\cdots(x_2-x_3)\cdots(x_3-x_4)\cdots$$

当变量个数为5时,该式化简成

$$p+q(x_1-x_2)(x_1-x_3)(x_1-x_4)(x_1-x_5)(x_2-x_3)(x_2-x_4)(x_2-x_5)(x_3-x_4)(x_3-x_5)(x_4-x_5)$$

其中 p 和 q 是定数。

可以证明含有5个变量的并有5个不同取值的每一个有理函数都可以变成如下形式

$$u=r_0+r_1x+r_2x^2+r_3x^3+r_4x^4$$

其中 r_0,r_1,r_2,r_3,r_4 是固定函数,x 是问题中的5个变量之一。把这个方程整理如下

$$(x-x_1)(x-x_2)(x-x_3)(x-x_4)(x-x_5)$$

$$=x^5-ax^4+bx^3-cx^2+dx-e=0$$

从而推导出 x 的取值形式

$$x=S_0+S_1V+S_2V^2+S_3V^3+S_4V^4$$

$S_1,S_2,\cdots$ 为 $x_1,x_2,\cdots$ 的固定函数,最后得出定理:含有多个变量 $x_1,x_2,\cdots$ 的有理函数,如果有 m 个不同的值,则一定能找到一个 m 次的方程,其系数应是 $x_1,x_2,\cdots$ 的固定函数,并且该函数的 m 个值可以作为

方程的根;但不可能存在次数低于 m 的一个方程含有一个以上这样的根。

这实际上证明了一般的五次方程无代数解。

事实上,假设一般五次方程有代数解,则表达式(1)给出了这些根的有理函数的全部代数关系。由于一般方程的根很难用系数的一个有理函数表达出来,因此应有 $R^{\frac{1}{m}}=V$,作为根的表达式的第一次序函数,R 是所给方程的系数的有理函数,化简为

$$V^m-R=0$$

……

长长的论文终于写成了,阿贝尔放下了笔,让自己放松一下。几天来在大教室里推导、演算已经忘了时间,每天他都习惯在教室的后排坐下来,让证明的思路随着视野向前展开,一连几个小时,常常是看门的老人来召呼阿贝尔"该关门了",阿贝尔才意识到时间过得真快,伸伸自己因久坐而僵直的臂和腿准备离开。今天总算完成了这篇长长的论文,时钟把阿贝尔拉回到现实,他这才感到饥饿,挂念起母亲和弟弟妹妹们。阿贝尔确信证明无问题后收起论文,迈着轻松的脚步走出大教室,此时此刻他才真正

地感受到夏日的清新,他想他的论文发表了,就会有奖学金了,就会在大学里有一份工作了,这样,母亲和弟弟妹妹的生活就会好起来,他也会有一个安静的环境来钻研数学理论,可以更好地跟欧洲的数学家高斯、勒让得等人进行交流,他也可以成为一名数学家……喜悦和轻松使思绪更远于遐想,阿贝尔不知不觉地迈进路边的花园里,花草和灌木刺痛了他的腿,“啊!”阿贝尔才止住思路。

阿贝尔终于完成了一元五次方程无根式解这一人类智慧的挑战。他知道这篇论文的意义。

不久,他对证明进行总结:

1. 找出所有已知的有代数解的方程;

2. 决定一个已知的方程是否有代数解。

在 D. E. 史密斯(D. E. Smith,1860—1944)的《数学史料集》中可以找到阿贝尔的关于一般的五次方程无代数解的证明,但这一证明是非常复杂的,很难读懂。阿贝尔最初的证明是模棱两可的,他并没有说五次方程都没有解,并且不否认我们可以通过不同的加、减、乘、除和开方这些代数方法解出五次方程。例如求解 $x^5-32=0$,得$x=2$。的确,一般五次方程能够用一种称为“椭圆函数”的方法解出，但是这种方法比初等代数要复杂得多。

他证明了一条定理：可用根的形式解出的方程，其解的每个根式都可表示成方程的根和某些单位根的有理函数。

阿贝尔给出了求五次方程近似解的可能性，他指出五次方程不存在一种代数公式，可以只用原五次方程系数作为方程解的可靠生成元。同样，解二次方程类似的二次公式和卡尔达诺三次方程公式也都不存在一种普遍有效的方法来确定这五次方程的根式解。

这正如“化圆为方”问题受到所用工具的局限一样，“根式解”这一限制阻碍了数学家们寻求五次方程解的努力。阿贝尔给我们展示了“代数”一词使我们处于一种矛盾的边缘而又急于冲破困境的状态。

最终，阿贝尔在证明了五次方程不存在根式解的同时，导出了交换群（阿贝尔群），奠定了近世代数学的基础。这样，在四次以上方程上，代数就丧失了它的显赫地位，人们也展开了对代数学其他分支的研究。

阿贝尔记得前几次论文发表时所遇到的问题，

决定自己筹款发表论文。

在把论文印出来后，阿贝尔将论文寄给法国和德国的数学大师们，但迟迟没有收到回信。大学的基础课程已全部修完，而且生活显得更加困难，同学和老师的接济并不能使阿贝尔及全家摆脱经济上的困难。阿贝尔也急切地盼着能通过自己的数学才能来找到一份工作，维持家中生活，但情况一直没有改变，数学上的研究只能靠自己。1823 年初，阿贝尔深感他的老师无一位能在他的研究中对他有所帮助，他急切地渴望离开大学、离开祖国到欧洲去旅行，拜见那些数学家，他尤其渴望见到拉普拉斯（P. – S. Laplace，1749—1827）、高斯、泊松、勒让德等著名的数学家。事实上，由于他的研究，阿贝尔熟悉了这些伟大的数学家。阿贝尔开始他出国前的申请和一份新报告的完成工作，他正式向大学提出渴望出国学习的申请，并盼望着获得批准和资助。

第十章 向往法国

1822 年 6 月，19 岁的阿贝尔在克里斯蒂安尼亚大学念完了必需的课程。老师洪保已经尽了一切努力帮助阿贝尔摆脱贫困。他还说服了他的同事们，同事们也慷慨解囊，使阿贝尔在大学毕业后能继续他的数学研究。他们为阿贝尔感到无限骄傲，从阿贝尔身上他们看到了数学的希望，也看到了阿贝尔能给这个国家带来的荣誉。阿贝尔在所研究领域很快超出了斯堪的纳维亚的数学水平，他渴望去法国看看。那时的法国巴黎是世界的数学中心，在那里可以遇见阿贝尔伟大的“同事”们（阿贝尔所在的科研水平等级，已远比他们当中的一些人要高，只是阿贝尔自己并不知道）。阿贝尔也希望访问德国，拜会伟大的高斯——所有那些人中无可争辩的数学家之王。

为让阿贝尔实现欧洲之行的梦想，数学和天文学界的朋友们，竭尽全力说服大学去请求挪威政府资助这位卓越的年轻人。阿贝尔为使权威们对他的价值有所认识,写了一篇很长的论文,仅仅从这篇论文的题目上就可以看出,他与最负盛名的领域有关。阿贝尔对这篇论文评价很高,相信大学如果出版它,会给挪威带来很高的荣誉。阿贝尔对自己工作的看法从来不过分,也许与其他人的看法同样公正。不幸的是,挪威政府正在严重的财政困难中苦苦挣扎,哪有闲置资金用来资助这位年轻人。论文最后丢失了,没有人为此而承担责任。世界上有些人注定一生将与不幸相伴。阿贝尔最大的不幸不是因为贫穷,而是因为他注定一生与成功擦肩而过(某些人的傲慢与偏见影响了他人的命运,甚至可以说是主宰了他人的一切)。这次论文的丢失仅仅只是发生在阿贝尔身上不值一提的小小的不幸,更大的不幸还在其未来的生活道路上静静守候。

经过十分慎重的考虑,挪威政府妥协了——哪个政府不这样做呢?——但挪威政府不是去做通情达理的事,即立刻派阿贝尔去法国和德国,而是给了阿贝尔一笔奖学金,让他在克里斯蒂安尼亚继续他的大学学习,以便他能掌握法语和德语。

阿贝尔在克里斯蒂安尼亚延误了一年半的时间,他本可以在此期间去他梦寐以求的法国和德国进行数学访问的,但政府的行为只能让他暂时留在挪威,毕竟没有足够的旅费,阿贝尔哪儿也去不了。对于出国被延期,阿贝尔感到很扫兴,不过,他很尽职地履行着他的义务——学习德语和法语。一年半的时间里,阿贝尔基本上是在学习和工作中度过的,他不是一个随随便便浪费时间的人。在阿贝尔看来,时间就是生命,他已经因为贫穷体会到了生活的艰辛,他不能再因为贫穷而丧失向大师们学习的机会,他要不断向命运挑战。阿贝尔利用一切可以利用的时间刻苦地“啃”着法语,他一方面自学,一方面向那些会说法语的人虚心请教。对于像他这样年岁已经不小的人来说,学习一门外语是何等的难啊!想想中国人学英语,多年的学习仍是那样举步维艰,在英语的绿地中始终跳不出“不会说”的怪圈子。可喜的是,阿贝尔凭着自身的毅力已能说出一些简单的法语,尽管还不够流利,但好的开始便是成功的一半,阿贝尔以喜悦的心情继续在语言关上下功夫。除了攻法语关,阿贝尔还得学习德语。法语开了个好头，更增添了阿贝尔学习德语的信心。与学法语不同的是，德语的学习在阿贝尔看来似乎更难了。他并不是一个语言天才，尽管他有心要学好德语，但并不很成功，反倒有一点蹩脚，听起来不够顺畅。不过，对于阿贝尔而言，这就已经足够了，基本上可以跟他一直想见到的数学大师们面对面地交谈了，阿贝尔已尽了他最大的努力。

当然，阿贝尔从来未曾放弃过对数学的研究，在学习法语和德语的过程中，阿贝尔仍不间断地从事着这项他一直全身心投入的工作。这时，汉斯坦教授出版了一份刊物，这更给了阿贝尔强大的动力。1823 年，这份刊物发表了阿贝尔第一篇用挪威语写的关于函数方程的研究的论文，这篇论文在数学上不是太重要。那时，读者们被允许公开评论杂志，大概遭到一些非议之后，汉斯坦教授感到有必要为阿贝尔的文章的性质做出辩解："我相信杂志除了提供科学素材之外，还应该进一步提供用于分析这些素材的工具，现在我们已经给博学的公众一个机会去认识一个有才能、有技巧的作者的著作，这是我们的光荣。"

汉斯坦教授的赞扬并未使阿贝尔感到飘飘然，他还是那么踏踏实实地开展他的数学研究，同时也以谨慎的态度向汉斯坦教授开办的刊物寄去他的论文。阿贝尔在刊物上发表的下一篇文章在数学史上很重要，它的题目是《用定积分解某些问题》，文章讨论的是质点在重力影响下在一个曲线上运动的力学问题。此文在当时未引起人们的注意，部分原因大概是因为它是用挪威文写的，要想让那些著名的数学大师们弄懂他们不认识的挪威文，那简直是比登天还难。可以说，阿贝尔的这篇文章是此类积分方程的第一个解法，它为积分方程在19世纪末20世纪初的全面发展开辟了道路。

阿贝尔在学习德语、法语与钻研数学的过程中，苦苦地等待挪威政府的资助讯息。可阿贝尔等啊盼啊，望穿秋水也见不到半点踪影。难道我这一辈子就在挪威默默地老死吗？阿贝尔不敢想象。在朋友们的建议下，阿贝尔希望能在欧洲谋求到一份称心的职位。在发出申请之前，阿贝尔到图书馆查阅了每个学校的情况，有柏林大学、巴黎路易大帝皇家学院、巴黎大学、瑞典斯德哥尔摩格丁根大学、巴黎科学院、哥廷根大学、卡罗琳学院等当时欧洲的名牌院校。阿贝尔出没于图书馆翻阅各所院校的背景情况及学科设置介绍,了解每所院校的特点,这样他就可以知道什么样的院校适合自己了。最后,阿贝尔选择了几所感兴趣的院校寄出了他的申请。阿贝尔在等待回函的日子中幼稚地想:凭自己的才华,他们一定会聘任他的。阿贝尔天真地高估了自己,他发出的申请信有的石沉大海,有的即便回了信,也只是婉转地表达了对阿贝尔要到他们那里谋求职位的谢意,随后便说了一大通职位已满、此处并不适合阿贝尔、请他另寻他校之类的话。阿贝尔被拒绝了。

既然此路不通,阿贝尔决定选择另外一种方式。他动笔向欧洲许多著名的数学家发出了求助信,希望他们能给予他一定的帮助,向那些名牌院校推荐自己,或许靠他们的名气,自己谋求职位的愿望能够实现。除此之外,阿贝尔还向名家们请教了一些数学方面的问题。信跨出国界朝四方发出,阿贝尔期待会有一个完美的结果。在漫长的等待中,阿贝尔继续活跃在图书馆里借阅各类数学书籍和一些数学大师们的传记。图书馆的工作人员经常看到阿贝尔是最早来的一个,却是最晚走的一个。有时候要闭馆了,工作人员催他好多遍他才不舍地离去。阿贝尔没听见的原因,一是太专注了,二是书还没看完舍不得走。有一次不知什么原因,阿贝尔竟被锁在图书馆里,而他自己也浑然不知,直到他肚子感觉到饿时才发现自己出不去了,而这时天已经蒙蒙亮了。渐渐地,工作人员与阿贝尔熟悉了,了解了阿贝尔的情况,他们都很同情年轻好学的阿贝尔,他们没想到阿贝尔对数学会是那么的痴迷。于是,每次闭馆前,大家都是先写上一张纸条告诉阿贝尔闭馆的时间到了,尽量避免惊扰正在看书的阿贝尔,要是阿贝尔还没把书看完,大家便商量着把闭馆的时间稍微延长一点,有时甚至通情达理到让阿贝尔把书拿回家去看,只要第二天一早再还回来的地步。阿贝尔很感激这些好心的工作人员,每一次他都依约归还。当然,阿贝尔也有忘记归还时间的时候,那也只不过是他看得太入迷的缘故,以至于他都忘了还有还书这么一档事。但工作人员都原谅了他的过错,只要阿贝尔能把书还回,即使他把新书给翻旧了也无妨,他们都愿意尽自己所能帮助这位渴望获取知识的年轻小伙子。阿贝尔深深地感受到了大家对他的无比厚爱，他觉得他是多么的幸福啊，生活并不因为自己的贫穷而把他抛弃。

长长的期盼终于有了一个结果。阿贝尔陆续收到了一些数学名家的回信，他们在信中都很诚恳地鼓励阿贝尔继续钻研数学，并认为阿贝尔一定会在数学界崭露头角的。至于说到帮助，名家们似乎都像躲避瘟疫似的不谈此话题，只是一个劲谦虚地称自己无德无能，哪能给像阿贝尔这样年轻有为的年轻人极大的帮助呢？阿贝尔感到很失望，像被泼了一身冷水，原来的满腔热情渐渐褪去。他有点恨，但这能怪人家吗？人家与你素不相识，凭什么让大家花费精力去帮你一个无名小卒，即使只是写一封推荐信。阿贝尔仿佛看不清自己脚下的路到底延伸到哪儿了，他也不明白应该走向何方。阿贝尔也曾试图按数学名家的指点给他们的其他同事写类似的信，但那又有什么用呢？结果还不都是一样的。阿贝尔有点心灰意冷了。

一位教授在写给阿贝尔的回信中说道："年轻人，从你的来信中我不敢判断你是一个什么样的人，但我分明从你的字里行间看到了你身上所蕴藏的数学天赋。好好地努力吧,年轻人。我相信,有付出定会有所收获。我实在帮不上你什么忙,但我想如果你能亲自到法国巴黎去或许对你会有所帮助。那里,聚集着来自各地的数学精英。年轻人,你若想要跻身于数学名人的行列,你就应该到巴黎去,向那里的权威们展示你的研究成果,只有他们才能给你帮助。"啊,巴黎——数学家的天堂,每一个热衷于数学研究的人都梦想去闯荡的地方,可巴黎在阿贝尔的眼里却是可望而不可即的。钱,钱,还是钱,没有钱梦想只能是一个泡影。阿贝尔现在只能寄希望于挪威政府的资助,那是他唯一的希望了。阿贝尔继续埋头于一大堆书本中,对于出国,他只能听天由命,别无选择。

第十一章 “再见了，挪威”

1823 年初夏，阿贝尔从雷斯姆森教授那儿得到 100 个台拉（19 世纪挪威货币单位）。雷斯姆森教授原来是教会学校的老师，他是一个好人，但不是个多产的学者，因为他的大部分时间都被由政府派给他的事务所占据，特别是挪威新银行经理这一职务花去了他很多时间。雷斯姆森教授的这份礼物是让阿贝尔当作旅费到丹麦的哥本哈根去会见达根教授及其他数学家的。我们知道，阿贝尔曾以初生牛犊不怕虎的姿态试图解决一般五次方程解的问题，那是代数方面所有伟大的前辈都曾竭尽全力要得出一个解答而没有成功的难题。我们很容易想象到，当阿贝尔误认为他取得了成功时的那种狂喜的心情。但在挪威没有人能懂得他的证明过程，也没有一个科学刊物可以刊登这个结果。这个想象的解答经老师洪保之手,再由汉斯坦教授寄给了丹麦最有学问的数学家达根教授,并请求达根教授看一看这份解答是否可由丹麦科学院出版。达根教授没有发现文章中的任何错误,但他要求阿贝尔用例子解释他的方法。达根教授觉得在这个题目上可做的文章不多,他在给汉斯坦教授的回信中建议阿贝尔将注意力转到另一个题目时说:"我主张研究椭圆超越函数(椭圆积分),它的发展将对分析及力学产生重大影响,有适当资格进行这类研究的人决不应仅仅局限于对这种最值得注意的函数的美妙性质的研究,而应能够发现一个通向广阔无垠的分析海洋的麦哲伦海峡。"阿贝尔在这时开始构造一个五次方程解的例子,但结果,他发现了他的推理中的缺陷。这个想象的解答当然根本不是解答。这次失败给了阿贝尔一个非常有益的打击,它把他推上了正确的途径,使他开始怀疑代数解是否是可能的。阿贝尔证明了一般五次方程不可解,那时,阿贝尔大约 19 岁,但是他已预见到了自己未来工作的几乎全部计划,至少可以说是大部分计划:接受达根教授的建议,进行椭圆函数的研究。因此，能有幸去丹麦的哥本哈根拜见曾指点过他的达根教授，阿贝尔是再高兴不过了。

经过长途跋涉，阿贝尔到达了丹麦的哥本哈根，在那里他见到了达根教授。达根教授非常喜欢这位谦虚的小伙子，他没想到阿贝尔如此年轻就对数学理解得那么深，虽然阿贝尔的有些想法很怪，连他也弄不大懂，但他却有一种预感：这位年轻人将来一定会超过他。达根教授给了阿贝尔一些善意的忠告，同时与阿贝尔一起畅谈关于椭圆函数的理论上的一些问题。阿贝尔静静地听着，唯恐漏掉了达根教授的任何一句话，阿贝尔的心里充满了对达根教授的无比的尊敬。在给老师洪保的信中，阿贝尔表达了他对达根教授的尊敬以及自己从达根教授那得到的数学上的启示。

有一件值得一提的事是，在哥本哈根，阿贝尔除了拜会达根教授和其他一些数学家外，他还获得了一个姑娘的爱情。那是在哥本哈根阿贝尔叔叔的家里，阿贝尔结识了一位姑娘克雷利·肯普。她并不是很美丽，她有红色的头发和雀斑，但她是一个可爱的女孩，阿贝尔正是因这一点而爱上了肯普。肯普后来成了阿贝尔的未婚妻。肯普之所以爱上阿贝尔,很重要的原因就是阿贝尔身上透出的一股聪明睿智,以及言谈中所流露出来的对生活的无限热爱。虽然阿贝尔只是一个穷小子,但那又有什么关系呢?一个对生活充满希望的人不管遇到什么困难都不会气馁的。可爱的肯普就是抱着这样的想法深深地爱上阿贝尔的,在以后的艰苦的岁月中,肯普始终如一地爱着阿贝尔,直到阿贝尔生命的最后时刻。

满载着收获,阿贝尔从丹麦返回到奥斯陆,又恢复了对数学狂热的研究,重新考虑起一般五次方程解的问题。这一次阿贝尔采取了相反的观点。世上无难事,只怕有心人。阿贝尔经过艰苦的推算之后,终于严格地证明了一般五次以上的代数方程不可能有根式表达式的解。在证明中阿贝尔首次引进了交换群(后人称其为“阿贝尔群”)的概念,并用新的数学语言表达了只有其根可构成可交换群的方程才有根式解。年仅22岁的阿贝尔,终于攻克了二百多年来众多大数学家都没有解决的世界难题。阿贝尔深知他的结果之重要,决定自己出经费,由一个地方出版商出版它。为了有更多的读者,阿贝尔用法语写这篇文章，题目为《论代数方程——证明一般五次方程的不可解性》。

为了节省印刷费，阿贝尔把论文压缩成只有六页的小册子，这篇论文印得很蹩脚，叙述文字简化，使它变得十分难懂，但这已经是当时落后的挪威所能提供的最好的印刷了。小册子印出后，阿贝尔立即分寄给当时很有名气的大数学家，想听听他们的见解，包括伟大的高斯——阿贝尔也寄了一份给他。可惜的是，不知是阿贝尔的论文被压缩得太简洁，以致许多学者根本就没有看懂，还是因为别的什么原因，总而言之，他没有从任何一位外国数学家那儿得到反馈，连数学大师高斯也不相信一个青年用这么短的篇幅能解决连他本人都没能解决的难题。小册子被高斯扔到了一边。阿贝尔天真地认为所有的数学家都像他一样心胸开阔，他在起步赴欧之前就断了自己的一条退路（只有天知道阿贝尔是怎么想出办法自己出钱出版他的论文的）。阿贝尔很清楚不能再靠教授们的资助养活自己了。阿贝尔的经济困难也由于和克雷利·肯普订婚而变得更加严重，而眼下肯普已经到了挪威，在奥斯陆附近做一名家庭教师。阿贝尔不得不为贫困的生活付出更多的精力,他得正视面临的困难。

幸运的是,在 1825 年 8 月 27 日,阿贝尔 23 岁时,他的数学界的朋友们战胜了挪威政府的最后一次阻挠,皇家下令给予阿贝尔去法国和德国旅行访问一年的足够的经费。挪威政府并没有给阿贝尔很多,但是在国家窘迫的财政条件下,他们毕竟给了,这个事实比整整一部艺术和贸易的百科全书更能说明 1825 年挪威的文明程度。阿贝尔很感激政府给予他的一切以及朋友们不遗余力的支持,他仿佛已经望见自己正静静地站在塞纳河边,欣赏着塞纳河美丽的河面风光。

阿贝尔在动身去欧洲大陆之前大约用了一个月的时间来安顿依靠他生活的一家人,然后怀着极其兴奋的心情与他的四个朋友一起离开了挪威。阿贝尔的这四个朋友也是打算将来从事科学事业的,后来一个成了医学教授,另外三个成了地质学家,他们都打算去柏林。而按照汉斯坦教授的劝告,阿贝尔这段时间应该去巴黎——当时的世界数学中心,但阿贝尔是个忍受不了孤独寂寞的人,他舍不得他的朋友们,便也决定先去柏林,尽管他十分了解这可能会引起教授的不快。

该出发了,阿贝尔和他的朋友们坐上马车开始了他们的欧洲大陆之行。送行的既有阿贝尔的家人,也有他的朋友。他们和阿贝尔一样都很高兴,由衷地祝福阿贝尔能实现自己的理想。大家挥手作别,马车载着阿贝尔驶出了他熟悉的家园。渐渐地,亲朋好友们远离了阿贝尔的视线,奥斯陆远离了阿贝尔的视线,望着这远去的一切,阿贝尔踌躇满志地喊道:“再见了,挪威!”在阿贝尔的内心深处,他始终坚信自己一定能在欧洲大陆找到自己的栖身之地,谋求到一份好的职业。依靠自己的才干与勤奋,阿贝尔确信自己定能成功。然而当阿贝尔喊出“再见了”这句再普通不过的人们日常生活中经常用于告别的话时,他绝不会想到“再见”本身被人们所赋予的两种含义:一是普通的道别;二是期待告别后的重逢。阿贝尔原本只是在表达一种最普通的告别心情,可命运却偏偏捉弄了他,两年后他落魄地回到了挪威。“再见了,挪威”这句话真的应验了,这是阿贝尔所料想不到的结局。

第十二章　告别丹麦

阿贝尔和他的四个朋友告别了亲朋好友，满怀对欧洲大陆的仰慕之情，开始了漫长的欧洲之行。阿贝尔本应听从汉斯坦教授的劝告直接去当时的世界数学中心——巴黎，可为了朋友，阿贝尔违背了汉斯坦教授的意愿先去了柏林。其实，选择先去柏林而非巴黎对阿贝尔而言应该算是幸运的，它在阿贝尔有生之年并未产生多大影响，却在其死后为他扬名世界埋下了一个伏笔。人的一生有各种各样的选择，一个正确的选择将会影响一个人一生，甚至他死后的岁月，这一点在阿贝尔的身上得到了验证。

由于要去柏林，势必就会经过丹麦，所以阿贝尔一行五人决定在哥本哈根做短暂的停留。五人一路奔波，直奔丹麦，漫长的旅途并未给阿贝尔他们带来一丝困乏的感觉，相反，他们一路有说有笑，谈人生、谈理想、谈社会、谈现实……那言语中透出的单纯与朝气撒满了这段旅程，阿贝尔尽情地享受着与朋友们旅行的快乐与幸福。随着首站地丹麦哥本哈根越来越近，阿贝尔思念的情绪也愈发浓重起来。熟悉的街道和建筑使阿贝尔的脑海中渐渐浮现出达根教授的身影。阿贝尔真希望马上就能见到达根教授，自从证明了一般五次方程没有根式表达式的解之后，他又有许多问题要请教这位德高望重的老教授。能得到达根教授的指点对阿贝尔来说是一笔不可多得的财富，也许从某种程度上来说是使阿贝尔在进军数学界、探寻数学奥秘的道路上少走弯路的一条捷径。路程随着时间的推移慢慢缩短，终于，阿贝尔他们五人到达了丹麦的哥本哈根。

了解世界史的人都清楚，丹麦和挪威原本是一个联合王国，就如同今天的英国一样。1840 年的挪威政治局势很紧张。由于和丹麦的联盟，挪威不得不站在法国一边投入到拿破仑发动的战争中，与英国和瑞典作战。英国封锁了挪威的海岸，造成了广泛蔓延的饥荒。战争和约签订之后，丹麦将挪威割让给了瑞典。挪威人对瑞典发起武装反抗并起草出自己的宪法，但很快就战败了。挪威不得不接受休战条约，和瑞典并成联邦。阿贝尔就是在这样的历史背景下成长起来的，他的父亲曾受教育于哥本哈根大学——当时丹麦－挪威联合王国中仅有的一所高等学府。对于这一段历史，阿贝尔记忆犹新，不仅是因为从小就听够了父亲对这段历史的无数次回忆，还因为丹麦还住着他的叔叔，更重要的是在丹麦他结识了受人爱戴的达根教授。所有这一切，使阿贝尔对丹麦始终有着一种家的感觉。

抵达了哥本哈根，阿贝尔和他的朋友们住进了他叔叔的家里。还没等安置完行李，阿贝尔便急不可待地冲出叔叔家，直奔达根教授家。阿贝尔实在等不及了，他心里有许多话要对教授讲。阿贝尔一路小跑把周围的人都给吓着了，他们纷纷停下脚步惊奇地看着这位满街奔跑有着绅士风度的年轻人。阿贝尔全然不顾行人投来的异样的目光，只顾不停奔跑，脑海中不时闪现出达根教授慈祥的面容。

气喘吁吁的阿贝尔终于跑到了达根教授的家。还是那幢古色古香的建筑，门前的大树依然茂密如初，就连那攀附于墙上的树蔓也还未曾枯萎。阿贝尔调整了一下呼吸，快步走上前敲开了达根教授的家门。仆人却告诉阿贝尔:“达根教授不久前已经去世了,您来晚了。”“什么?你说什么,达根教授他,他辞世了?这,这怎么可能呢?”听到噩耗,阿贝尔简直不敢相信自己的耳朵,犹如听到晴天霹雳,他一下子被镇住了。达根教授怎么就去世了呢?阿贝尔真的不敢相信,两年前他们还在一起畅谈数学,教授是那么健康,怎么转眼间教授就告别了人世,并且他连最后一面也未能见到,上帝怎么这样不公啊!阿贝尔捧着一颗受伤的心走出了达根教授的家。这一切来得那么突然,阿贝尔欲哭无泪,望着花园中他和达根教授曾经坐过的那块草地,阿贝尔喃喃地叹道:“唉,生命无常啊!”说完便伤心地离开了这个他曾日夜牵挂的地方,回到了他叔叔的家里。

朋友们见到阿贝尔的样子都感到很奇怪:刚才出去时还风风火火,满脸高兴劲儿,怎么回来就变成这副忧郁的模样?“出什么事啦?阿贝尔。”朋友们关切地问道。可阿贝尔似乎没有听见大伙的问话,没有搭理大家就径直走进了他自己的卧室。大家还想再问一句,想了解一下到底发生了什么事使阿贝尔满脸伤感,莫非失恋了?这怎么可能呢,阿贝尔的未婚妻肯普现在已在挪威，况且两人也从未吵过架、翻过脸，而这里是丹麦。那到底是……正当阿贝尔的朋友们还在猜测时，阿贝尔的叔叔劝住了大家，“小伙子们，算了算了，别去打扰我们的阿贝尔了。作为他的叔叔我比谁都了解我的这个宝贝侄子，他就是这性格，一有什么不开心的事就喜欢闷在心里头不愿说出来，可没多久他自己想通了也就没事了，不用担心。哦，对了，你们也奔波了数日，够累的啦，也该早早歇着了。阿贝尔那儿有我看着，你们尽管放心去睡觉吧。”阿贝尔的朋友们便不再勉强，顺从了阿贝尔的叔叔的话，吃完晚饭、洗完澡便各自睡去。

天渐渐暗下来，月亮也爬上了夜空。阿贝尔躺在床上心潮澎湃，无法入睡。他想起了父亲和达根教授，他们都已经死了，他失去了爱他疼他的人。父亲的死是普通人的死，只有身边的亲朋好友为其伤心落泪；达根教授的死则是不同寻常的死，他的死使这个国家失去了一个人才、一笔财富，也使整个数学界失去了一名优秀的数学家，他的影响超越了时间和空间。“是啊，死使伟大的人露出头角来。”阿贝尔想到了那些为数学事业的发展奋斗一生、已作古的老一辈数学家们，不管他们是生前成名还是死后成名，至少他们有一个共同的特点，那就是在他们死后，他们在人们心目中就如同永恒的纪念碑般不朽。阿贝尔把眼睛微微闭上，开始了有关于死的追溯：

古希腊著名的数学家阿基米德，公元前212年，当他的祖国被罗马人攻陷时，他还在专心致力于数学问题的研究，俯身在沙盘上画他的几何图形。一个罗马士兵拔出了他那铿亮的剑，刺死了这位手无寸铁的75岁高龄的几何学家。阿基米德就这样死了。对于阿基米德的死，德国数学家莱布尼茨评价说："了解了阿基米德的人，对后来杰出人物的成就就不会再那么钦佩了。"

古希腊女数学家海帕西娅(Hypatia)，由于她博学多才，具有雄辩的才能和崇高的声望，当地的教会把她视为眼中钉。公元415年3月的一天，她被一群暴徒杀死在教堂里。海帕西娅曾校订过欧几里得和托勒密的著作，还注释过丢番图(Diophantus)的《代数学》和阿波罗尼斯(Apollonius of Perga)的《圆锥曲线论》。海帕西娅是一位杰出的女数学家。

意大利数学家利提克斯是大天文学家哥白尼

(N. Copernicus,1473—1543)的学生。利提克斯和他的助手们坚持勤奋工作了12年来推算详细的三角函数,可惜的是利提克斯生前未能完成,直到1596年才由他的学生,德国人鄂图得出结果。

法国著名的数学家、解析几何的主要创立者笛卡儿,1649年应瑞典女王克里斯蒂娜的邀请到斯德哥尔摩为她讲课,不幸数日后死于肺炎。死时只有几个友人为他送葬。直到笛卡儿去世后十八年,法国政府才将其骨灰运回,安葬在巴黎名人公墓。笛卡儿的墓碑上刻着:"笛卡儿,欧洲文艺复兴以来,第一个争取并保证理性权利的人。"

英国数学家格雷戈里(J. Gregory,1638—1675),1670年发明了著名的"格雷戈里-牛顿插值法公式"。格雷戈里对科学有着执着的追求,长期不懈地工作导致眼睛疲劳过度而双目失明,终年仅37岁。

法国数学家帕斯卡,排列组合公式的发现者之一。帕斯卡在20多岁时就已是驰名全欧的科学家了。由于体弱多病,1662年8月19日,帕斯卡痛苦的一生在惊厥中结束,年仅39岁。后人对帕斯卡的评价是:"帕斯卡显示了早熟的数学天才,但是他在这方面的活动受到了宗教禁忌的阻碍，并以他的夭折而告终。尽管如此，他还是使数学和物理的若干不同分支取得了显著的进展。"

英国数学家牛顿，数学界首屈一指的学者。1727年3月20日，他在睡梦中安然长逝，死后被安葬在威斯敏斯特大教堂之内，与英国的英雄们安葬在一起。德国数学家莱布尼茨评价牛顿说："在从世界开始到牛顿生活的年代的全部数学中，牛顿的工作超过一半。"牛顿墓碑上拉丁语碑铭的最后一句是："他是人类的真正骄傲，让我们为之欢呼吧！"后人颂扬牛顿说，上帝让他降生，是作为光明去揭示隐藏在黑夜里的宇宙和自然规律的。

可以说，这些数学家在数学领域内开拓了不朽的道路，后人正是沿着他们的足迹继续了他们未完的事业。他们的伟大不仅表现在单一的数学领域里，甚至在其他科学领域里你也同样能够清楚地发现他们思想火花跳跃的痕迹。他们中有的被暴徒杀害，有的因疾病而死，有的是正常死亡；他们中有的年老才死，有的则年轻时便夭折；有的生前默默无闻，死后才为世人熟知，有的生前、死后都是一样的光彩照人。但不管怎么说,这些伟大的人物在死后无不受众人的瞻仰,他们的名字连同他们的作品一样不朽,人们将永远记住他们,因为他们遗留给这个世界的是一笔无法估价的财富,他们与世界同在。

阿贝尔为达根教授的过世感到痛惜:“我失去了一位数学上的好向导,丹麦人民失去了一位伟大的数学家,数学家们失去了一位正直的同事。”不过,一联想到其他数学家的死,阿贝尔又为达根教授高兴起来。是的,他走了,但他将无处不在。从达根教授本人,阿贝尔想到了自己,他觉得自己应趁年轻时有所作为,一个人活着不应碌碌无为,要有理想,有抱负,在数学方面他应该把前人未完成的事业继续到底。阿贝尔就是这样的一种人,他认为人只要对生活充满希望,他就不会被生活所抛弃。因此,无论生活中遇到什么困难,阿贝尔总是以饱满的乐观精神迎接各种各样的挑战,没有什么能够阻挡他战胜困难。生活是美好的,每个人都很好。在这里需要说明的一点是,虽然阿贝尔为生命奋斗的信念始终不变,但正如他叔叔所言,阿贝尔是个极其忧郁的人,这大概跟他的家庭环境有关吧。要命的是,恰恰是他性格中忧郁的一面夺走了他年轻的生命。他本可以战胜他所面临的困难：找不到工作、生活贫困没钱、论文未被人重视……然而过度劳累与忧郁使他染上了肺结核病，过早地离开了人世。当我们回过头来翻看一下阿贝尔的成长过程，我们会惊讶地发现，他忧郁的性格正是他所处的环境以及发生在他身上的一系列事情所造成的。家境的贫寒，18岁丧父面临失学而又要承担照顾全家的责任，达根教授的死，论文没人瞧上一眼，欧洲之行的失落……这一切都加重了阿贝尔忧郁的程度，换了谁也无法承受得住命运对他的这一系列残酷的打击。阿贝尔一夜未曾合眼，他想了很多他以前未曾考虑过的问题。不过，他唯一没有想到的是四年后他会因肺结核病而死。然而正如阿贝尔自己所说的那样，“死，使伟大的人露出头角来”。阿贝尔并不是个预言家，但他却无意中预言到了自己的最终命运。

当阿贝尔的朋友们第二天再见到阿贝尔时，他确实比昨天好了许多，只不过眼睛有点红肿，伤感的情绪并未完全消除。阿贝尔主动向大家讲述了昨天他经历的令人痛心的事，大家为达根教授的死表示了哀悼之情，随后便提议尽早离开丹麦赶到柏林。朋友们害怕阿贝尔留在丹麦会触景生情，或许远离丹麦情况就会好转。阿贝尔也觉得自己还有更重要的事要完成，于是同意了朋友们的提议。临出发前，阿贝尔去拜访了他在丹麦认识的其他的一些数学家，他向他们带去了他对达根教授逝世表示的哀悼及他将出访欧洲大陆的计划。数学家们对阿贝尔的来访表示了感谢，同时也对他即将出访欧洲大陆提了他们自己的一些建议，其中有一位数学家还写了一封推荐信，将阿贝尔介绍给了德国枢密顾问官奥斯特·利奥波德·克雷尔。这位数学家告诉阿贝尔，克雷尔是一个在柏林很有影响的工程师，他自己虽不是个很强的数学家，但他对数学却有着浓厚的兴趣，而且他也是个热心肠的人，阿贝尔到柏林若能找到克雷尔，或许会多少有点帮助。阿贝尔向热情的数学家们表示了深深的谢意。

该走了。阿贝尔怀着悲痛的心情又去了一趟达根教授的家，重温了一遍与教授在一起讨论问题的那段美妙时光，他最后望了一眼那空空的草地，便头也不回地与他的四个友人告别了这个使他曾有过家的感觉的地方——丹麦。这一别，阿贝尔便再也没有回来。是因为害怕触景生情，还是因为没有足够的旅费旧地重游？答案已经随着阿贝尔的去世而深埋于地下了。我们所知道的仅仅是告别了丹麦的阿贝尔和他的朋友们继续向南方挺进，直奔德国的柏林城。

第十三章　柏林＝希望？

与离开挪威时的气氛相比，告别丹麦显然多了几分伤感与无奈。说到无奈，我们不得不提到当阿贝尔离开挪威后发生的一件事：首都克里斯蒂安尼亚大学的雷斯姆森教授感到他的公共事务加上数学教授职位使他负担过重，就辞去了教授职务。之后不久，教员们推选洪保填补了这个空缺。阿贝尔的几个挪威朋友认为这件事极不公正，阿贝尔大概也有同感。尽管如此，阿贝尔还是写了一封信热烈祝贺他以前的老师，他们一直是好朋友。不过，从这件事中，阿贝尔就为他的前途和他未来的婚姻而忧虑起来。他感到在他的祖国科学是没有地位的。这更促使阿贝尔一定要去欧洲大陆闯一闯，也许他能在那里找到属于自己的一个位置。

还有一件值得一提的事情是，阿贝尔原来打算是先去德国的哥廷根拜访高斯，再去柏林的，而实际情况却是他没有像他原本打算的那样立即赶往哥廷根去见高斯，而是直接去了柏林。其中原因我们在前头已经简略提到过，那就是阿贝尔在欧洲之行动身前将自己出钱出版的一本题为《论代数方程——证明一般五次方程的不可解性》的小册子寄给欧洲的大数学家们，其中也包括高斯。阿贝尔天真地相信这将是他通向欧洲大陆的数学家们那里的科学护照。他特别希望高斯会看出这项工作的显著价值，而不只是跟他形式上的见上一面。阿贝尔不可能知道，这位“数学家之王”有时候对待竭力要得到公正的承认的年轻数学家只是表现出一种王子般的大度。

高斯及时收到了阿贝尔的这篇论文。阿贝尔从可靠的目击者那里听说了高斯是怎样“欢迎”这个礼物的。高斯没有屈尊读一读就把它抛在一边，并且厌恶地喊道：“这又是一个怪物！”于是，阿贝尔决定不去拜访高斯。从那以后，他很讨厌高斯，一有机会就诋毁高斯。他说高斯写的东西晦涩难懂，暗示德国人把高斯捧得太高了。由于这种完全可以理解的厌恶，到底是高斯还是阿贝尔失去了更多的东西，这是一个未解之谜，但不管怎么说，阿贝尔避开了高斯，直接取道去了柏林。

到了柏林之后，阿贝尔也不知自己该怎么行事。于是，凭着一封推荐信，阿贝尔拜见了奥古斯特·利奥波德·克雷尔。对于克雷尔这位谦逊的业余数学工作者，我们是值得多花些笔墨在他身上的。克雷尔的办事能力和他挑选真正通晓数学的合作者的可靠的能力，对于19世纪数学的发展，比半打学术机构的贡献还要大。

克雷尔注定要成为阿贝尔的帮助者之一，如果说是克雷尔帮助阿贝尔成了名，那么阿贝尔也通过使克雷尔成名大大地报答了他的帮助。今天不管人们在什么地方研究数学，克雷尔的名字都是常用词，事实上还不止如此，因为“克雷尔”已经成了他所创办的杂志的专用名称，该杂志的前三卷发表了阿贝尔的二十二篇论文。这个杂志使阿贝尔成名，或者至少使他为欧洲大陆的广大数学家们所知晓，而如果没有这个杂志，这种情况是难以想象的。阿贝尔的伟大工作使这个杂志在整个数学界旗开得胜，也使克雷尔也成了名。

克雷尔本人是一个自学出身的数学爱好者，而不是一个有创造力的数学家，他的职业是建筑工程师。克雷尔很早就在他的工作上出人头地，建造了德国的第一条铁路，挣得了一笔够他过舒适生活的奖金。在空闲的时间里，克雷尔认真地研究数学，而不仅是把数学作为一种业余爱好。克雷尔在 1826 年创办的《纯数学与应用数学》杂志（人们总喜欢称其为“克雷尔杂志”）促进了德国数学的发展，在这前后他本人也对数学研究做出了贡献。这一杂志的创办，是克雷尔对数学发展的最大贡献。

这本杂志是世界上第一个专门从事数学研究的定期刊物，它不欢迎对过去工作的解释。任何人的文章（除了克雷尔自己的一些文章之外）都接受，只要内容是新的、正确的，有足够的“重要性”——一个模糊的要求——都值得发表。从 1826 年到现在，“克雷尔杂志”每三个月出版一期。在第一次世界大战以后的混乱年代中，“克雷尔杂志”濒于停刊，但是来自世界各地的捐款支撑着它，捐款的人不愿看到这个伟大的纪念碑就此湮没。今天，有几百种杂志全部或相当大一部分记录纯数学和应用数学的发展，但是在我们下一次的“传染性疯狂”爆发以后，有多少能够幸存下来就不得而知了。

当阿贝尔到达柏林时，克雷尔刚刚下定决心用他自己的资金开始他的伟大冒险：创办一份数学刊物。阿贝尔对他做出最后的决定起了作用。对阿贝尔和克雷尔的初次见面有两种说法，两者都很有趣。克雷尔那时有一个在政府中工作的位置，任德国枢密顾问官，在柏林任商业学校的主考人。他对政府工作既不胜任，也不喜欢。克雷尔对这次历史性会见的记述是这样的：

“在一个晴朗的日子，一个有着一张很聪明面孔的漂亮年轻人，局促不安地走进了我的房间。我以为又得和一个准备参加商业学校入学考试的人打交道，就对他解释说需要分别进行几项考试。最后这个年轻人开口了，解释说（用很蹩脚的德语），不是考试，只是数学。”

克雷尔看出阿贝尔是个外国人，就试着用法语和他交谈，阿贝尔讲法语也很困难，但能让对方明白他的意思。然后克雷尔问阿贝尔在数学上做过些什么。阿贝尔很有外交手腕地说，除其他东西以外，他读过当年刚发表不久的、克雷尔本人1823年写的关于“分析的功能”（现在在英语中叫“析因”）的文章。阿贝尔说，他发现那篇文章非常有意思，但是——然后，就不是那样用外交辞令了——文章中有些部分完全错了。克雷尔正是在这里表现出了他的伟大。他没有因为这个年轻人在他面前的大胆无礼的表现而对阿贝尔冷淡或大发雷霆，相反，他竖起了耳朵，向阿贝尔询问细节。克雷尔非常注意听阿贝尔的说明。他们谈了很长时间的数学，克雷尔只理解阿贝尔讲的其中的一部分。但是不管克雷尔是否懂得阿贝尔对他说的一切，克雷尔都清楚地看出了阿贝尔是个什么样的人。克雷尔从来没有懂得阿贝尔所做的工作的十分之一，但是他对数学天才的可靠的直觉告诉他，阿贝尔是一个第一流的数学家。

阿贝尔的记述与克雷尔稍有不同，但差别不是很大。我们从字里行间可以看到，二者记述的差别是由于阿贝尔的谦虚。一开始，阿贝尔担心他想让克雷尔感兴趣的计划会碰壁。克雷尔不会知道这个年轻人想要什么，也不知道他是谁，更别说是关于阿贝尔的任何事情了。但是在克雷尔询问阿贝尔读过些什么数学方面的东西时，情况就大大地好转了。当阿贝尔提到他读过的大师们的著作时，克雷尔变得机敏起来。他们就几个突出的、没有解答的问题谈了很长的时间。阿贝尔没有马上被克雷尔所理解，但过了不久，克雷尔即看出这位年轻的客人在数学方面所具有的非凡的能力。

在会晤结束之前，阿贝尔壮着胆子出乎意料地向克雷尔提出了他的不可能用代数方法解一般五次方程的证明。克雷尔连听都不愿听，任何这样的证明都一定有问题。但是克雷尔接受了这篇《论代数方程——证明一般五次方程的不可解性》的文章，草草地翻了一遍，承认阿贝尔的推理在他之上。让克雷尔惊讶的是，阿贝尔提到高斯没有认真阅读这篇文章就把它丢在了一边。这是一种客气的说法。实际上高斯要是耐着性子的话，本来是可以读到一些使他很感兴趣的东西的。高斯没有这样做，这真是一个悲剧。只要高斯说一句话，阿贝尔可能就会成名，甚至阿贝尔的生命也可能会延长。当我们看到阿贝尔的全部经历时，我们是会承认这一点的。高斯常常为了他在这件事情上的“傲慢的轻视”而受到指责,但是那不是描绘他的行为的恰当的词。那时一般五次方程的问题已经声名狼藉,想法古怪的以及有名望的数学家都曾钻研过它。如果今天一个数学家收到"化圆为方"的所谓解答,他不一定会给作者写一张表示感谢的有礼貌的便条,但是他几乎肯定会把作者的手稿扔到废纸篓里去,因为他知道法国数学家林德曼(Ferdinand von Lindemann,1852—1939)在 1892 年证明了不可能只用尺规化圆为方——相当古怪的人只限于使用这些工具,正如欧几里得做过的那样。他也知道林德曼的证明是任何人都能够接受的。在 1824 年,一般五次方程的问题几乎与"化圆为方"的问题相同,因此高斯不耐烦了。但是这个问题还不是那样糟,还没有证明不可解。阿贝尔的文章提供了证明。"为什么高斯对此不予以重视呢?"克雷尔感到十分地疑惑。恐怕我们的读者也感到不理解吧。这样看来,我们有必要在下面的叙述中暂时中断阿贝尔与克雷尔之间的交谈,花上一定的篇幅把这件事弄清楚,以免在读者心中产生对高斯的某种误解。而要完全了解此事的来龙去脉,我们需要先从高斯的一本科学日记说起。

1796 年 3 月 30 日,是高斯一生的一个转折点。在那一天,距离高斯20 岁生日正好一个月,高斯决定从事数学研究。同一天,高斯开始记他的科学日记,这是数学史上的一份最宝贵的文件。只是到了 1898 年,高斯去世后四十五年,这本日记才在科学界传播开来。它由十九张小八开纸组成,内容包括记载着四十六个发现或计算结果的极简短的说明,最后一个说明的日期是 1814 年 7 月 9 日。无论如何,高斯在 1796 年至 1814 年这段多产期间的所有发现并没有全部记录下来。但是许多匆匆忙忙记下来的点滴结论,足以确立高斯在这样一些领域——例如椭圆函数——中的优先权,而他的一些同时代的人拒不相信高斯在这些领域走在他们前面(回想一下高斯出生于 1777 年)。

在这本日记中埋藏了几年或几十年的东西,要是当时就立刻发表的话,可能会给高斯赢来半打伟大的声誉。一些内容在高斯生前从来没有发表过,当其他人赶上他的时候,高斯在他自己写的任何著作中都从来没有说过自己比他们领先。但是高斯的记录就在那里。高斯确实领先于一些怀疑他的人。

这些领先的东西并不是微不足道的，它们中的一部分成了19世纪数学研究的主要领域。1797年3月19日的日记表明，高斯已经发现了一些椭圆函数的双周期性。高斯那时还不到20岁。还有一则较晚的日记表明，高斯已经看出了一般情形的双周期性。要是他发表了这个结果，结果本身就足以使高斯名声显赫，但是他从来没有发表过它。

问题似乎又转向为什么高斯没有披露他的伟大发现上面来。耐心的读者只要认真往下看，前面提到的为什么高斯对阿贝尔的论文未加以重视的答案就会自然得出了。这比高斯的天才要容易解释，如果我们接受高斯本人的简单说明的话。我们一会儿再讲述这个说明，先来了解一个离奇的说法，即W. W. R. 博尔（W. W. R. Ball，1850—1925）在他著名的数学史著作中讲述的故事。按照W. W. R. 博尔的说法，1801年高斯把他的第一篇杰作《算术研究》寄赠给了法国巴黎科学院，他当时仅有24岁，但这篇论文竟遭到当事者的摈弃、讪笑，被轻蔑地拒绝了。这种过激的傲慢态度引起了高斯的极大反感和愤怒。这个不应有的耻辱深深地刺伤了高斯，致使他决定从此以后只发表任何人都会承认的、在内容和形式上都无可指摘的东西,以致他的许多重要成果都不愿公开发表。这个诽谤性的传说当然不可信了。1935年,这个传说被彻底否定了,当时法国科学院的官员们仔细地研究了档案,查明《算术研究》从未交给科学院,更不用说被拒绝了。

高斯为自己辩护,说他从事数学著作研究,只是出于他天性的最深刻的渴望,至于这些著作是否要为了其他人的教育而出版,对于他来说完全是次要的事情。高斯有一次对一位朋友说的另一番话,说明了他的日记和他迟迟不发表他的一些想法的原因。高斯说,在他26岁以前,有那样一堆势不可挡的新思想在他脑海中翻腾,以至于他几乎无法控制它们,他的时间只来得及记录下来一小部分。这本日记只包含一些曾经使他煞费苦心地思考了好几个星期的研究成果的最后的简短说明。作为一个年轻人,高斯仔细考虑了假想的、证明的、紧闭的、断不开的锁链,阿基米德和牛顿就是用这样的锁链缚住了他们的灵感。高斯决定要像他的伟大榜样那样,在自己身后只留下完美的艺术品,要极其完美,达到增一分则多,减一分则少的地步,工作本身必须突出、完整、简明和有说服力,达到辛劳必须不留痕迹的程度。高斯说过“瑰丽的大厦建成后,应拆除杂乱无章的脚手架”之类的话,意思是说一座大厦在最后的脚手架拆除和挪走之前,还算不上是一座大厦。高斯抱着这样的理想工作,他宁肯三番五次地琢磨修饰一篇杰作,而不愿发表他很容易就能写出来的许多杰作的概要。高斯的印章是一棵只有很少几个果实的树,上面刻着座右铭“少些,但是要成熟”。

这些努力完善后的果实确实是成熟的,但并不容易被人们消化。达到目标的所有的足迹都被高斯抹去,他的追随者们要重新发现他走过的道路是不容易的。结果,高斯的一些著作必须等待很有天赋的解释者做出解释后,一般的数学家才能够理解它们,看出它们对尚未解决的问题的重要意义,并向前迈进。高斯的同代人请求他放宽他那僵硬无情的完美,以便数学可以前进得更快些,但是高斯从没有放宽过。关于非欧几何的出现便是一个典型的例证。

自从欧几里得建立几何学基础以来,人们都是以《几何原本》为经典的,但是其中的第五条公设远不如其他公设简单明了,因此,能否证明这条公设历来是数学家们研究的重要课题。高斯的同学、匈牙利数学家沃尔夫冈·鲍耶致力于第五公设的证明,历时数载,毫无所获。1804 年,鲍耶曾经将试证资料寄给高斯,高斯指出了错误的地方,那时他已认识到证明是不可能的,并且有了新的思路。1815 年,高斯在《哥廷根学报》上发表的一篇书评暗示过非欧几何的雏形,以后在某些文章和致友人的信件中又几次提到过。许多年后,老鲍耶的儿子约翰·鲍耶创立了非欧几何的学说,并写出了论文,作为其父亲著作《数学原理摘记》的附录发表。高斯看到这篇论文,对小鲍耶出众的才能评价很高,但他致函老鲍耶说,他不能赞赏这篇论文,因为如果这样的话,就等于夸耀他本人三十年前的工作。小鲍耶因高斯的这番话而灰心丧气,伤透了自尊心。从此,数学界又少了一名天才。

高斯对如此重大的研究成果宁可束之高阁而不公之于世,可以看出他性格保守的一面。其实,高斯是力图避免引起一场无谓的争论,他认为如果发表了那些别人尚难理解的东西,“黄蜂就会围着耳朵飞”,“引起比俄喜亚人(喻蠢人)的叫喊”。高斯行文,一向以精炼完美著称,这固然是好事,但是过于简洁会在理解某些问题的发展过程和思想方法以及具体内容方面给后人造成困难。难怪阿贝尔曾说:“高斯像只狐狸,用尾巴扫沙子来掩盖自己的足迹。”德国数学家雅可比(C. G. J. Jacobi,1804—1851)则说:“高斯的证明是僵硬地被冻结着的,人们必须将它们融化出来。”

但这并未妨碍高斯成为“数学家之王”。高斯的伟大是他在科学上的安详从容和完全没有个人野心,他的全部野心就是促进数学的发展。当对手们怀疑高斯坚持说的——他早已预见到的发现——不是吹牛,而是与他手上处理的问题有关的事实时,高斯没有拿出他的日记来证实他的优先权,而是让他的陈述立足于它们自身的价值。

勒让德是那些怀疑者中最直言不讳的。高斯在他的《天体运动理论》中曾经提到他很早就发现了最小二乘法。勒让德在高斯之前,于1806年发表了这个方法,他怀着极大的愤怒写信给高斯,指责高斯不诚实,并抱怨说高斯有那么丰富的发现,原可以顾及体面,不盗用最小二乘法,那是他视为最珍爱的东西。拉普拉斯也加入到了这场争吵中,他没有说他是否相信高斯确实比勒让德领先十年或者更早发现最小二乘法,他只是保持着他一向讨好的态度。高斯显然不屑于就这件事再争论下去,但是他在给一个朋友的信中摆出了证据,要是高斯不是那么"傲慢而无屑于争吵",这个证据当时就可以结束这场争论。高斯说:"我在 1802 年就把这整个问题告诉了奥尔贝斯。"而如果勒让德对此有所怀疑的话,他本可以问问奥尔贝斯,因为奥尔贝斯手上有高斯的手稿。

这次争论对数学后来的发展是不幸的,因为勒让德把他没有根据的怀疑告诉了雅可比,这样就阻止了那位在椭圆函数理论方面才华横溢的青年开发者与高斯建立起亲密的关系。高斯每一步都走在勒让德前面,然而当勒让德指责高斯不公正时,高斯感到他本人在危难时被舍弃了。高斯写信给舒马赫埋怨说:"看来我是命中注定,几乎在我所有的理论工作中都与勒让德碰车。在高等算术中,在与椭圆求长法(寻找曲线的弧长过程)有关的超越函数的研究中,在几何的基础上,都是这样,而现在,这个方法(最小二乘法)也用在了勒让德的工作中,而且确实用得很漂亮。"这封信写于1806年7月30日。

在高斯死后,随着其著作和大量书信的详尽出版,所有这些旧的争论都彻底解决了,结果对高斯是有利的。但高斯在另一方面仍受到了批评,那就是他对评价别人的伟大工作——特别是比较年轻的人的工作——缺乏热诚。当柯西开始发表他在单复变量函数理论中的光辉发现时,高斯对它们置若罔闻。这位数学家之王没有对这个年轻的法国人说上一句赞扬或鼓励的话,就如同对待阿贝尔一样。是呀,为什么要说呢?高斯本人(如我们所知)在柯西开始这项工作以前很多年,就已得出了这个问题的实质性解答。一篇关于该解答的论文将成为高斯的一篇名著。还有,当哈密顿关于四元数的著作在1852年,高斯去世前三年,引起高斯的注意时,他什么也没有说。他为什么要说呢?这个问题的关键早已记在他三十多年前的笔记中了。高斯保持沉默,没有提出他的优先权。正如对他在单复变量函数理论、椭圆函数和非欧几何中的领先地位一样,高斯满足于做了这些工作。哈密顿奋斗了十五年才找到了代数中 $a \times b$ 不等于 $b \times a$。高斯没有说他用了多长时间取得了同样的成果，他只是用了几页纸记录了他在代数中的成功，没有给数学家留下更多想象的余地。与哈密顿的不同之处在于高斯称它们为变换，仅此而已。

直到高斯去世以后很久，人们才知道，有多少 19 世纪的数学发现，高斯在一千八百年以前就已经预见到并领先了。要是他公布了他知道的结论，很可能数学要比目前的状况前进半个世纪，甚至更多。阿贝尔和雅可比就能够在高斯停下来的地方开始，而不必把他们的大部分最好的精力用在重新发现高斯早在他们出生以前就知道的东西上了，非欧几何的创造者们就能够把他们的天才转到其他的事情上了。

谈到他自己，高斯说他"只是一个数学家"。他的"只是数学家"只能在下面的意义上去理解：高斯没有像他指责的莱布尼茨那样——把自己卓越的天资广泛地撒播在一切他可能获得丰收的领域里，而是把他最伟大的才能发展到完美的境地。

我们花如此大的篇幅插入有关高斯的一些资料,无非是想让读者对阿贝尔事件的来龙去脉有一个清楚而全面的认识,不至于以偏概全,让个人的主观感情占了上风,从而得出一个并非真实的评判高斯的结论。至于阿贝尔,我们只能说他是一个不幸的人。另外,再需要说明的是,在以后的岁月中阿贝尔依旧受到人们不公平的对待,不幸始终伴随着阿贝尔,直到他去世为止。这是后话了,我们还是重新回到克雷尔的房间,继续聆听他与阿贝尔之间的历史性会话吧。

当阿贝尔将自己关于五次方程的小册子拿给克雷尔看时,克雷尔坦白地承认这对他来说是很难懂的,他建议阿贝尔把这篇文章写得详细点。于是,阿贝尔向克雷尔简略地谈了自己在数学方面是如何思考的:“代数中最有趣的问题之一是求方程的代数解,因而我们发现几乎所有卓越的数学家都讨论过这个题目。我们能够很容易地得出前四次方程的根的一般表达式,发现解这些方程的一致的方法,人们相信这个方法也能应用到任意次的方程上。但是尽管拉格朗日和其他杰出的数学家尽了一切努力,预期的目的还是没有达到。这导致了一般五次及以上方程不可能有代数解的推测,但是这是无法确定的,因为所他们沿用的方法只是在方程可解的情况下才能导致确切的结论。可是他们提出解方程,却不知道方程是否可解。因为这种方法确实可以得出一个解,虽然那解不是肯定的,但是假如运气不好,方程不可解,那就可能会永远也寻找不到它的解。因此,为了在这个问题上得出一些确实可靠的东西,我们必须采取其他途径。我们可以给这个问题这样一种形式,使得解答它总是可能的,就像我们对任何问题做的那样。我们不是要找出一个不知其是否存在的关系,而是必须问一问这样一个关系是否的确有可能存在……当一个问题是以这种方式提出时,这个说法本身就包含着解答的萌芽,指出了必须采取的途径,我相信,我们不能得出重要命题的情况是极少的,甚至当计算的复杂程度阻碍了对问题的完全解答时,也是如此。"

阿贝尔继续说:"这个要采用的真正的科学方法,由于它需要的(代数)计算极其复杂,因而极少被采用。但是,在很多情形下,这种复杂性只是表面上的,一旦开始计算后就消失了。”

阿贝尔顿了一下又继续说:“我已经用这种方式探讨过分析学的几个分支,虽然我给自己提出的问题经常超出我的能力范围,但我还是得出了大量的一般结果,这些结果有力地说明了量的性质,而阐明这些量,正是数学的目的。”

阿贝尔说,虽然他没有宣称他有了一个完整的解,但他的确指出了完全解决它们的确实可靠的方法。听着阿贝尔滔滔不绝的叙说,克雷尔就决定要竭尽全力地使阿贝尔得到社会的承认,不管他是否懂得阿贝尔对他说的一切,克雷尔清楚地看出了阿贝尔是个什么样的人。对数学敏锐的洞察力使克雷尔惊叹于阿贝尔的年轻。他深感德国缺少像阿贝尔这样对数学有如此理解能力的年轻人。克雷尔与阿贝尔谈到了德国数学的可怜的状况。

“我为德国数学的发展感到担忧,整个德国数学界都被笼罩在高斯个人的光环之下。高斯固然伟大,可是整个德国数学界又岂是由高斯个人所构成的呢?在未来的发展进程中,倘若没有了高斯,而德国又出不了能引领德国数学发展的人物,那么德国数学只有停滞不前，被法国远远地抛在后面。我经常看到我周围的一些年轻人因得不到帮助而意志消沉，这种状况又怎利于德国数学的进步呢？我也试图去帮助他们，可我个人的力量是多么的微弱啊。数学家斯太纳建议我创办数学杂志，这样他们的论文就有地方发表了，而且外国的许多数学方面的著作也可以介绍到德国来。我觉得这是一个好办法，但是我却不知它的创办能否达到预期的目的，这是要冒一定风险的。”

克雷尔道出了自己的忧虑。阿贝尔当然不敢对德国数学现状提出自己的看法，毕竟他对此并没有太多的认识，但他却对克雷尔要办杂志的想法小心翼翼地提出了自己的看法，他认为数学之所以发展到今天的地步，恰恰是因为它是众多数学家智慧的大融合，而杂志的创办也将是各种数学思维的汇集，数学正是在这种大碰撞中走向了她自己的繁荣。克雷尔仔细品味着阿贝尔刚才说过的话，是啊，要想推动德国数学的发展，就应该给那些无名但却有才气的小字辈们提供一个施展才华的机会。克雷尔是这么想的，他也是这么做的。阿贝尔是克雷尔倡议的支持者之一,另外一位则是出生于瑞典的德国数学家斯太纳,我们从克雷尔的话中就已经知道了这个人。

自学成才的斯太纳被后人誉为“欧几里得以来最伟大的几何学家”,他对数学的研究范围很广,最突出的贡献在射影几何方面。斯太纳对综合方法有所偏爱,以至于嫌恶分析学。导致这一情绪的原因是斯太纳看到,在德国,人们从来没有严格地对待过分析。注重严格推导的斯太纳对分析中逻辑混乱、概念不清以及证明中有欠严格的现象深表不满。这促使他鼓励克雷尔创办《纯数学与应用数学》杂志。克雷尔对此产生了极大的兴趣,阿贝尔的到来对促使他最后做出决定则起了关键作用。看呀,克雷尔是怎样的一种人啊,可以毫不犹豫地说,虽然克雷尔只是一个能力有限的数学家,算不上科学上的伟人,但他是一个气量大的人,事实上是一个伟大的人。

这次会见对克雷尔和阿贝尔来说都具有极为重要的意义,克雷尔发现了一个天才,阿贝尔认识了一个能帮助他实现理想的慷慨的朋友。从此以后,阿贝尔和克雷尔成了一对知己,友谊在柏林扎下了根。

这次会晤以克雷尔要求阿贝尔成为筹办中的杂志的第一位撰稿人而结束。阿贝尔在柏林似乎看到了自己的希望,他觉得没有直接去巴黎是正确的。阿贝尔在1825年12月5日从柏林写给汉斯坦教授的信中表露出了他喜悦的心情:

“当我对德国不像法国那样有数学刊物这件事表示惊讶时,克雷尔说他长时期以来就想编辑出版一份数学刊物,很快克雷尔就要将这个计划付诸实践了。现在这个杂志已在创办。我非常高兴,因为我将有一个地方发表我的文章。我已经准备好了四篇文章,它们将发表在这份杂志的第一期上。”

在柏林的日子既繁忙又快乐。克雷尔到哪儿都带着阿贝尔,把他作为最了不起的数学上的空前发现四处炫耀。斯太纳有时也陪着克雷尔和阿贝尔四处转转。克雷尔带着阿贝尔出入于上层社会,穿梭于社会名流中间,把他介绍给柏林的名气稍差但略有才气的数学家们。以致于当克雷尔的朋友们一看见克雷尔身后跟着他的两位天才走来时,他们就喊道:“亚当老爹又跟该隐和亚伯一起来了。”(亚当为圣经中所称人类的始祖,该隐为亚当和夏娃之长子,亚伯为亚当与夏娃之次子。）克雷尔为阿贝尔所做的一切使阿贝尔感到受宠若惊，他觉得有必要报答克雷尔的热情。阿贝尔以自己的实际行动回馈了克雷尔对自己的坦诚相待，成为《纯数学与应用数学》杂志的第一位撰稿人。

1826年，《纯数学与应用数学》杂志正式出版，这是19世纪最有影响的德国数学刊物。它的第一卷全登的是阿贝尔的文章，共有七篇，以后各卷又登了多篇，绝大多数文章都在数学史上占有突出的重要地位。其中首屈一指的是关于五次方程式的不可解性的详述文章，此时距那本小册子的印刷已有两年了。在推证五次方程的不可解性的过程中，阿贝尔创立了被后人称之为“阿贝尔群”的群。当时，抽象代数的基础概念已经基本确定，第一个要引进并加以探讨的抽象结构便是“群”。按定义，一个群的代数运算不一定满足交换律。如果一个群 G 的代数运算同时也满足交换律，G 就叫作一个交换群或阿贝尔群。

阿贝尔还发展了包括代数域的扩张等必要的代数基础知识。此时，阿贝尔并不知道他有一个先驱者——法国数学家鲁非尼。早在群论萌芽时期，鲁非尼(P. Ruffini,1765—1822)于1799年到1813年之间就做过好几种尝试,想证明四次以上的高次方程是不能用代数方法解出的。他在1799年的论文《方程的一般理论》中,用拉格朗日所创的方法成功地证明了不存在一个预解函数能满足一个次数高于四次的方程。事实上,鲁非尼证明了当 $n>4$ 时,不存在一个 n 元有理实数,几个元素发生置换时取3个或4个值。后来,鲁非尼在《用一般的代数方法解方程的一些想法》中,大胆地着手证明用代数方法解 $n>4$ 的一般方程是办不到的,但鲁非尼的努力没有达到目标。不过,他还是用了(但没有证明)现在所称的阿贝尔定理,也引进了群论的思想。但这个问题的真正解决者是阿贝尔。

在一篇阿贝尔死后才出版的关于方程的根式可解性文章中,阿贝尔对此谈了自己的想法:"如果我没有弄错的话,在我之前,只有一个人,他试图证明一般五次及以上方程的代数解(根式解)的不可能性,这人就是数学家鲁非尼。但是他的文章复杂得使人们难以判定他的推理是否正确。我想这是不太令人满意的地方。"

阿贝尔的论文发表了,可是在当时的数学界连一个小小的浪花也没能激起来,谁都不知道阿贝尔是谁,也没人愿意去了解他的著作,阿贝尔的论文上落满了灰尘。莫非阿贝尔的论文没有一点科学价值,引不起数学家们的兴趣?不,当然不,我们前面已经提到过阿贝尔发表在“克雷尔杂志”上的绝大多数文章在数学史上是占有着突出的重要地位的。那为什么阿贝尔的论文在社会上未引起极大的反响呢?要知道,今天的“克雷尔杂志”虽说是历史上最悠久的数学杂志之一,是 19 世纪最有影响的德国数学刊物,然而在当时,它仅仅只是初创,迈出了成长壮大的第一步,影响力并不大,就连法国的大数学家们都没听说过柏林有这样一份杂志存在,更不用说阿贝尔姓甚名谁了。只不过,随着杂志的不断地发展壮大,影响力自然也就越来越大。可惜的是,阿贝尔还未完全被人们所认识就过早地离开了人世,但“克雷尔杂志”却一直发展到了今天。当后人千辛万苦找寻到阿贝尔耗尽一生心血写就的论文,掸去上面落满的尘埃时,才惊喜地发现它们本身的价值竟会是那样的沉甸甸,阿贝尔的论文并没有被历史所埋没。

阿贝尔高兴地看到了自己的文章得到了发表，可他也有自己的苦恼。柏林的社交活动是丰富的，但丰富的社交活动却使阿贝尔无法专心致志地工作。他实在看不惯贵族们那趾高气扬的样子，瞧不起那些自以为是的贵族子弟。他们什么也不懂，只知道成天寻欢作乐，与轻浮的女人调情。阿贝尔想到了欧洲行程中他所见到的连年战争中的人民的悲惨生活，而上流社会的权贵们却过着奢华的生活，灯红酒绿，醉生梦死。除了权力，他们追求的就是金钱。要是他们能发点慈悲，这个国家的人民也就不至于挣扎在死亡的边缘上了。阿贝尔由此也联想到了自己贫困的生活。自己18岁时，父亲便去世了，之后，他真正尝到了贫困的滋味。家庭经济的拮据使他不得不厚下脸皮来，低声下气地向人借钱。阿贝尔并非是个借钱不还的人，他只是不愿在别人的脸色与鄙夷的目光中生活。阿贝尔给富人家的孩子上课，他们在他面前炫耀他们的财富和地位，他们的不学无术的孩子也依仗父母的权势欺侮他，就连他们家中的看门狗也对他狂追不舍，而他们却在旁静观发笑。阿贝尔默默地忍受住了这一切,为的只是那可怜的报酬。寒冷的冬天他顶着风雪去上课,生病时也要拖着孱弱的身体去工作,生活的极度艰辛已使他看透了上流社会的虚伪与荒唐。柏林的生活令阿贝尔极其厌烦,他需要一个清静的地方从事他的数学研究,柏林不是一个适合他工作的地方。阿贝尔委婉地向克雷尔表明了自己的想法:

“很抱歉,克雷尔,恐怕我得暂时离开一下柏林。你知道,柏林的繁华程度不知比奥斯陆强多少倍,然而我对这里的环境是多么的不适应啊!”阿贝尔犹豫了一下,但仅仅只是犹豫了一下,又继续说道,“柏林频繁的社交活动已使我无法全身心地投入到数学研究中去,它分散了我太多的精力。当我想静静地坐下工作时,我总稳不住心神,或许是因为柏林令人太浮躁的缘故吧。我现在只想找个清静点的地方进行我的研究。”

克雷尔听到阿贝尔的这些话多少有点惊讶,他没意识到阿贝尔这位有点腼腆的年轻人会有如此的烦恼。克雷尔分明听出了阿贝尔对他的小小的责怪之意,但那并非带有恶意。阿贝尔怎么会去责怪热情的克雷尔呢？他自觉命运不佳，家庭的落魄程度他也相当清楚，没有谁能懂得他的苦处，能得到克雷尔的慷慨相助，他已是感恩不尽，又怎么会怪罪克雷尔呢？可他不能辜负了挪威亲朋好友们寄予的厚望啊！

“是啊，你说得对，阿贝尔，”克雷尔拍着自己的脑袋笑着对阿贝尔说：“我怎么就没有想到这一层呢？你看我竟忘了你此行的目的，这不越帮越乱吗？既然你不适应柏林的环境，那不妨出去到别处看看。反正柏林的这些数学家也只是二三流水平，对你帮助也不大。”于是，克雷尔建议阿贝尔到弗赖堡去进行他的数学研究，因为那里环境迷人，风景优美，在那种环境下工作心情也会舒畅起来的。阿贝尔愉快地接受了克雷尔的建议。

柏林，一个繁华、充满诱惑力的大都市始终与阿贝尔的命运紧紧相连，这里是他的希望所在。三年后，当一封从柏林大学寄出的任职通知书把阿贝尔的希望变成现实时，挪威已是斗转星移人散去，一切都已面目全非，阿贝尔的死使希望化成泡影。命运就是这样残酷无情。当然，此时的阿贝尔不可能想到将来会发生什么事情，他也没有那份时间和精力去考虑这些问题，他只是一直以乐观的精神不断地迎接着各种困难险阻。狂奔的马车把阿贝尔从繁闹的柏林载到了宁静的弗赖堡。新的一天将从这里开始。

第十四章 宁静的弗赖堡

暂别柏林的繁华喧闹对阿贝尔来说真是太好不过了，毕竟，频繁的社交活动已使他焦头烂额，无法专心致志地工作。与柏林相比，弗赖堡倒显得平静了许多，没有了浮躁与不安，更没有了虚伪与荒唐，一切都是那样朴实、真实得让人觉得亲切。阿贝尔很快便融入了弗赖堡与大自然和谐的宁静生活中，潜心钻研数学。正是在弗赖堡，阿贝尔把他最伟大的工作锻造成型，即创造了现在所谓的阿贝尔定理。思想的火花以不可阻挡的力量迸发在宁静的弗赖堡中。

“人们在分析中确实发现了惊人的含糊不清之处。这样一个完全没有计划和体系的分析，竟有那么多人进行研究，真是奇怪。最坏的是，从来没有人严格地对待过分析。在高等分析中只有很少几个定理是用逻辑上站得住脚的方式证明的。人们发现到处都有这种从特殊到一般的不可靠的推理方法，而非常奇怪的是这种方法只导致了极少几个所谓的悖论。”这是从阿贝尔在弗赖堡写给一位名教授的信中摘录出的一段。

自从17、18世纪的数学家们前赴后继地努力奠定分析学的基础并加以发扬以来，人们对牛顿、莱布尼茨、伯努利家族的数学家们以及欧拉、拉格朗日等人的贡献无不赞颂备至。当然，任何一门学科的发展总得经历从初级到高级的阶段，需要走过补充和完善的路程，分析学也是这样。可是，阿贝尔却敢于一针见血地对他的前辈“揭短”，这件事本身就说明年轻的阿贝尔对分析学理解得有多么深透。

其实，不少优秀数学家也早已看到分析学缺乏严密性这一重要问题，例如柯西，他在1821年出版的《分析教程》一书的导言中就明白地指出要给分析学以严密性：

“我竭力赋予这些分析的方法以几何中所要求的全部严密性，做到决不涉及从代数的一般原则中抽出来的推理。就像今天所说的,代数的形式主义这一类推理,虽然广为承认,但主要是在从收敛级数到发散级数、从实量到虚量的过程中产生的,在我看来,不能认为它是什么超出归纳法的东西,它有时暗示着真理,但是它与数学引以为自豪的严密性没有什么一致的地方。我们也必须注意到,它们倾向于造成一种被认为是代数公式所特有的、模糊的有效性。例如,如果 x 是大于或等于 1 的正整数,那么由 $1-x$ 除 1 得到的 $\frac{1}{1-x}=1+x+x^2+x^3+\cdots$ 直到无限是毫无意义的。而实际上,这些公式大多数只在某些条件下对它们包含的量的某些值有效。通过确定这些条件和值,通过精确地确定、找到它们所用的记号和意义,我将消除一切不确定性。”

阿贝尔看到柯西的书很高兴,他在 1826 年关于二项式的论文中赞扬说:“每一个在数学研究中喜欢严密性的人都应该读这本杰出的著作。”当然,严密性的高低也是相对的,柯西的工作只是迈向严密性方向的一步,他的著作还是有不确切之处,譬如柯西指出,连续函数的一个收敛级数的和一定连续。阿

贝尔认为这论点是错误的，并举例子

$$\sin x - \frac{\sin 2x}{2} + \frac{\sin 3x}{3} - \cdots$$

虽然上式的每一项都是连续的，但当 $x = (2n + 1)\pi$ 而 n 是整数时并不连续。阿贝尔用新的论点改正了柯西的错误。同时，他惊讶地问：为什么前人没有去研究一些重要级数的收敛性，譬如二项级数

$$1 + mx + \frac{m(m-1)}{2!}x^2 + \frac{m(m-1)(m-2)}{3!}x^3 + \cdots$$

于是，阿贝尔自己着手研究这些级数的收敛区域。对于发散级数，阿贝尔则与柯西有类似的观点。1826 年，阿贝尔写信给老师洪保说：

“发散级数是魔鬼的发明，把任何证明建立在发散级数的基础之上都是一种耻辱。人们利用发散级数，想象什么结论就可以得到什么结论。而这也正是为什么发散级数已经产生了如此多的谬论和悖论的原因。”

但是，阿贝尔对自己排斥发散级数的论点却表示担心，生怕埋没了这种级数的潜在功能，因此，阿贝尔准备进行一番研究，便在给老师洪保的信中继

续写道:

“尽管这种级数令人十分惊奇,但是它们中的大多数都是正确的。我正试图为这种正确性寻找理由,这是一个极其有趣的问题。”

看来,阿贝尔真的想致力于这方面的研究工作。那么,他做得如何呢?

在弗赖堡的整个冬季里,阿贝尔都在给克雷尔的杂志写稿。其中值得注意的是关于二项式的推广和平方根表达式的积分等内容的文章。阿贝尔还利用一致收敛的思想,正确地证明了“连续函数为项的一个一致收敛级数的和,在收敛域内是连续的”。作为一个应用,阿贝尔写了对任意实数或复指数的二项式级数和的严格定义,同时写了关于幂级数的经典论文,其中包括了很多一般定理。在19世纪,分析数学诚然有欧拉、拉格朗日、柯西等人开拓在前,但其庞大分支在概念和证明中总会或多或少地存在不严密性,这也是科学发展过程的必然规律。如以现代的理论标准衡量,免不了有不足之处。但是,在当时已经取得了极大成功,受到数学界的广泛重视和高度评价,以至法国著名数学家达朗贝尔(Jean le

Rond d'Alembert,1717—1783)只好说:"向前走吧,你就会得到信仰。"阿贝尔本可以向前走去得到"信仰"的,可惜的是,阿贝尔当时未能从中把一致收敛的性质抽象概括出来,形成普遍的概念,但毕竟阿贝尔这些工作率先垂范地推进了分析学的严格化。

1826年早春,阿贝尔觉得自己应该到他原来的目的地——巴黎去了,在那儿,他的论文一定会被那些大数学家认可的。阿贝尔始终有着这样的一种信念:只要是珍宝,它就总会有被发现的时候。一旦人们把它拾拣,这些珍宝就不会被人们轻易舍弃。虽然柏林有那么多人关心照顾他,尤其是克雷尔的热情更让他觉得如兄弟般诚挚,但阿贝尔来到欧洲大陆的目的并非为了享受生活,而是寻找生活,圆自己的数学梦。他不可能一辈子靠别人的资助过日子,他也不愿意这样做。不是阿贝尔要面子,只是人人都有自己的困难,如果能闯出一番事业,又何必要靠善良人们的好心去存活呢。他必须到巴黎去为自己撑起一片属于自己的天空。阿贝尔手里剩下的钱已经不多了,他不能再在柏林待下去了,阿贝尔去意已决。克雷尔本来打算陪阿贝尔一起去巴黎的,并且还想绕道哥廷根去拜访高斯。克雷尔想,或许高斯见了阿贝尔会大加赞赏的,克雷尔相信自己的眼光,阿贝尔绝对是数学的天才,让阿贝尔直接面见高斯至少比那一本拙劣的小册子的功效强得多。但遗憾的是,因为公务的压力,克雷尔无法脱身离开柏林。克雷尔想叫阿贝尔待到他事务结束后再起程,可阿贝尔能再等下去吗?经费是他最担忧的事。克雷尔无奈,与阿贝尔拥抱作别。他叮嘱阿贝尔到了巴黎别忘了写信告诉他。

就这样,阿贝尔怀着对克雷尔的依依惜别之情,带着对德国的美好记忆告别了克雷尔,告别了弗赖堡,告别了柏林,又踏上了欧洲之行的路程。谁会想到,不久之后,阿贝尔会带着失望,拖着病体再次回到柏林呢?这是命运的安排。

第十五章 天堂与地狱

按道理，阿贝尔离开柏林后应该直接赶赴巴黎，去会见当时第一流的法国数学家——勒让德、柯西和其他一些人。然而，阿贝尔的四个挪威朋友此时正计划一个通过中欧的地质旅行。阿贝尔还是不愿意离开他的朋友孤身去巴黎，便也加入到了这一次曲折而耗费金钱的旅行中来。他们坐着马车经过波希米亚、奥地利、意大利北部及阿尔卑斯山，一路饱览了中欧国家的湖光山色。一直到 1826 年 7 月，阿贝尔才到达巴黎，这时他的经费已被这昂贵的旅行搞得所剩无几了。

到巴黎的访问是令人失望的。当阿贝尔到达时，巴黎学校的假期刚刚开始，那些数学家都已离开这个城市度假去了。阿贝尔现在最紧迫的事是找个房子住下来。巴黎是个令人陶醉的城市，但要找个便宜点的房子却不是一件容易的事，阿贝尔必须考虑到自己口袋里的钱。最后,阿贝尔找了一个极其普通的阁楼住了下来。但他没想到房主是个贫穷但却贪婪的人。他们给了他一间极坏的房间,每天两顿很差的伙食,却要了一笔简直无法无天的房租。可恶的是,他们还堂而皇之地称这是全巴黎市最便宜的房租。阿贝尔在巴黎无依无靠,受到如此野蛮的对待,他也只好期待数学名家们早日归来。

好不容易盼到数学家们的归来,可阿贝尔却觉得他们在有意避开他,这令他很难接受。可以不假思索地说,阿贝尔在法国数学家那里所受到的接待,就像一个人在一个很文明的时代,从很文明的人的杰出代表那里所能受到的一样文明。他们对他都很礼貌——该死的礼貌,事实上那就是阿贝尔从他如此热切地期望着的访问中得到的一切。当然他们不知道阿贝尔是谁,阿贝尔是干什么的。他们也不想知道,阿贝尔实在是太没有名气了,他们可不愿屈尊去和一个无名小卒攀谈。如果阿贝尔自己开口——当他来到能和他们谈话的距离之内时——谈到他自己的工作,他们会立即打断阿贝尔的话然后讲述他们自己是如何的伟大。阿贝尔仅仅在路上遇见过勒让德。勒让德在年迈之时，主要兴趣是椭圆积分，这也正是阿贝尔的专长。

勒让德对椭圆积分有特殊的兴趣，可以说他把一生中的黄金时期都献给了这个课题并在这方面获得累累硕果，他最早一批成果包含在1786年写成的论椭圆弧的两篇论文里。勒让德的《积分练习》《椭圆函数研究》以及三篇阐述关于阿贝尔与雅可比在1829年与1832年工作的补充论文，都是关于椭圆积分的开拓性研究。勒让德提出了三种基本类型的椭圆积分，并证明了每个椭圆积分可以表为这三类积分的组合。勒让德在这方面的工作，为数学物理提供了基本的分析工具。然而勒让德命中注定要在一些领域里被比他富于想象力的数学家超过，他漫长而勤劳的一生，大部分都花在这些领域中，而他的辛劳被年轻人高斯、阿贝尔和雅可比证明是多余的。德高望重的勒让德，要不是由于他的冷淡，他本可以了解一些他终生热爱的东西（椭圆积分），这些东西会引起他莫大的兴趣。但是当阿贝尔来拜访他时，他正准备踏上马车，勒让德只是很有礼貌地说了一声日安，便吩咐车夫鞭马而去。可怜的阿贝尔站在秋风萧瑟的巴黎街头失落得想哭。在巴黎没有人肯理睬他，他甚至怀疑自己是因为什么而来巴黎的？勒让德后来对他的这种行为向阿贝尔道了歉。

在巴黎逗留的四个月的时间里，阿贝尔会见了柯西、勒让德、狄利克雷(P. G. L. Dirichlet, 1805—1859)等人，但这些会面也是虚伪与敷衍的、程式化的礼貌性交谈。因为《纯数学与应用数学》杂志这个新刊物当时在法国几乎没有人知道，而阿贝尔又太腼腆，不好意思在陌生人面前谈论自己的著作，因此，人们并没有真正认识到他这个天才。阿贝尔在1826年10月24日写信给洪保时，谈了他自己的感想：

"实话告诉你，欧洲大陆上这个最嘈杂的首都，目前给我一种沙漠的印象。我实际上谁也不认识，这是一个可爱的季节，人人都去了乡间。……到现在为止，我结识了勒让德先生、柯西先生和阿歇特(J.-N. P. Hachette, 1769—1834)先生，以及一些名气稍差一点但能干的数学家。结识了《科学学报》的编辑塞纳先生。还有勒热纳·狄利克雷先生，他是一个普鲁士人，有一天他来看我，竟认为我是他的同胞。狄利克雷先生是一个极有洞察力的数学家，他和勒让德先生一起证明了 $x^5+y^5=z^5$ 不可能有整数解，以及其他一些很不错的结论。勒让德先生很有礼貌，但不幸的是他老了。柯西是疯子……他做的工作极好，但是很混乱。实际上一开始我对他的研究一无所知，现在我较清楚地了解了这些研究的某些部分了……柯西是唯一从事纯数学研究的人。泊松、傅立叶、昂佩尔等一些人埋头于电磁学和其他物理学科。我相信拉普拉斯先生现在什么都不写了，他最后的工作是对他的概率论的增补。我常常在巴黎科学院看见他，他是一个非常有趣的小家伙。泊松也是一个小家伙，他知道怎样做到举止高贵。傅立叶先生也一样。拉克鲁瓦相当老了。阿歇特先生要把我引荐给这些人中的几位。”

“法国人对陌生人比德国人冷淡得多。跟他们亲近极其困难，我不敢说我能和他们达到亲密的程度，每一个新手要在这里引起注意都有很多困难。我刚刚完成了一篇关于某一类超越函数的范围广泛的论文，准备呈交给科学院，下星期一我就交上去。我把它拿给柯西先生看，但是他只屈尊看了一眼。

我敢说,一点不夸海口,这是一篇很好的作品。我急于听到科学院对它的评价:我们一定与你同享它……”

阿贝尔在信中提到的论文正是他在巴黎期间完成的巨著《论一类广泛的超越函数的一般性质》。在这部著作中阿贝尔研究了 $\int R(x,y)\mathrm{d}x$ 类型的积分,其中 $R(x,y)$ 是 x,y 的任意有理函数,而 y 表示 x 的代数函数。这时,特别要区别下列两种情况:

①若 y 表示三次和四次多项式的平方根,则积分为椭圆积分;

②若 y 是高于四次多项式的平方根,则积分称为超椭圆积分。

形如 $\int R(x,y)\mathrm{d}x$ 的积分,在数学中称为阿贝尔积分。

阿贝尔在信中还讲了他正在干什么,接下去是对他的前途的相当不安的预测,“我后悔不该计划旅行两年,一年半就足够了”。阿贝尔已经得到了从欧洲大陆能够得到的一切,急于想要把他的时间用在他的发现上,“有这么多的事情等着我去做,但是只要我在国外,一切都进行得很糟糕,要是我像基尔豪先生那样,有个教授职位就好了。我的位置还没有确定,这是事实,但是我并不为此担心。如果命运在这一方面抛弃了我,也许它会在另一方面对我微笑"。

阿贝尔就是以这样的乐观精神直面生活。他在巴黎的头几个月用来完成那篇他认为是自己的杰作的大论文,这是阿贝尔最长的文章之一,包括一个广泛的定理及其应用。这篇文章于1826年10月30日交给法国科学院。文章讲述一个给定的代数函数积分的和。阿贝尔在文章中写道:"对任何一个这种和,存在一个固定数 P,使得该和可以用 P 个这类积分表达出来,其中积分变量是原来积分变量的代数函数,最小的数 P 是原给定的代数函数的亏格。"这是亏格这个概念第一次出现。阿贝尔的这个定理是椭圆积分的欧拉公式的最大推广。为什么这么说呢?

原来,早在17世纪,数学家们就企图求出椭圆的弧长(特别是由于天文学的需要),到18世纪这个问题还没有得到解决。人们知道,所有的连续函数都可积分。但是，想把一些简单问题中出现的某些普通积分用初等函数表示成有限形式的尝试，往往遭遇失败。例如，椭圆的四分之一弧长问题是不能当作有限多个通常的初等函数来计算的，因为求椭圆弧长的表达式中出现的特殊的积分，它们不能用代数函数、三角函数、对数函数和指数函数算出来。所以还有一些其他类似积分通称为“椭圆积分”。

阿贝尔注意到高斯在《算术研究》中曾经有过对椭圆积分的评论，但没有见到实质性的讨论。经过自己不断努力，阿贝尔终于得到了一个惊人的发现，他认识到，为了算出这种一直与人为难的积分，必须发明一种新的函数。于是，这种新的函数——“椭圆函数”问世了。

法国科学院秘书傅立叶读了阿贝尔上交的论文的引言后，就委托勒让德和柯西审读做评。勒让德曾系统地研究过椭圆积分的问题，而柯西则被指定为负责人。当时有不少年轻人，一旦他们的论文被科学院接受就会很快出名。比如狄利克雷，他仅比阿贝尔小三岁，但由于一篇由勒让德推荐到法国科学院的文章被接受后，狄利克雷就成了著名数学家了。当然,并非每个人都很走运,法国数学家伽罗瓦(Évariste Galois,1811—1832)就是其中倒霉的一个。

1829 年 3 月,伽罗瓦发表了他的第一篇论文——《论连分式》。这篇论文没有包含伽罗瓦已做出的伟大的东西,但是它足以向他的同行们宣告,他不仅是一个学者,而且是一个富于创造力的数学家。当时法国的知名数学家是柯西。在发明创造的丰富性方面,很少有人能与柯西相比(仅就截至 1936 年实际出版物的数量而言,欧拉不及柯西,但当欧拉的著作最后全部出版时,无疑会超过柯西)。不论什么时候,当科学院想对提交给他们审查的一篇数学论文提出权威性意见的时候,总是找到柯西。一般说来,柯西是一个迅速而公正的评阅人,但是,他也有失误的时候。不幸的是他的失误都是最重要的。

伽罗瓦把他 17 岁时的重大发现写成论文,准备呈交科学院。在呈交之前先送给柯西审阅,柯西答应送交这篇论文,但是柯西忘记了。最后,柯西竟然不称职到把伽罗瓦的摘要遗失了。这就是伽罗瓦在柯西慷慨的允诺后所听到的最后的消息。这只不过是一连串类似的灾难中的第一件。

1832年2月,伽罗瓦19岁时,他写出了三篇论文,其中阐述的观点开辟了新的领域。这些论文包含了伽罗瓦关于代数方程论的伟大工作。它远远超过了人们当时已经做过的任何有价值的数学研究。伽罗瓦满怀希望地把这些论文(还有进一步的结果)与一篇提交科学院的参加数学大奖赛的论文打包在一起。这项大奖乃是数学研究中的最高荣誉,只有当时第一流的数学家们能够去竞争。专家们认为伽罗瓦的论文是完全有资格获奖的。它是最富于独创性的。正像伽罗瓦完全公正地说的那样:“我做出的这些研究成果,将使许多著名学者对他们的研究踌躇不前。”手稿安全地到了科学院秘书傅立叶的手中。傅立叶把它带回家审阅,然而,论文没有入选。它根本就没有参加评选,自然谈不上能不能选得上。这是怎么回事?原来,傅立叶在5月份就去世了。不知伽罗瓦的手稿被病危的傅立叶放在哪儿,或是交给哪位数学家审阅,以后在傅立叶的遗物中始终没有找到这份手稿。在柯西的疏忽之后,又在傅立叶身上发生了同样疏忽的事情,看起来太像是天意而不仅仅是意外了。

伽罗瓦的不幸分别发生在阿贝尔生前和死后，前一件不幸是在阿贝尔死前一个月发生的，后一件则发生在阿贝尔死后三年。但不幸是不会分什么先与后的，它的降临从来不受人们意志的控制。当阿贝尔像伽罗瓦一样还在苦苦等待着审稿人的报告时，两位严谨认真的学者勒让德和柯西却疏忽了这篇划时代的著作，竟将它莫名其妙地搁置一边，不再过问了。事实上，这篇论文直到阿贝尔死后经过多方周折才得以出版。

巨掌承托是幸福的，但在被它承托而起时，总难免有些倒霉鬼从指缝间漏去，千百年来都是如此。阿贝尔注定是那被漏掉的倒霉鬼，创造发明不少是年轻小人物做出的，而年轻小人物容易被人忽视。由此使创造发明更多了一层磨难，这也是人世间的悲剧之一。但这并不等于说，与幸福擦肩而过的阿贝尔就放弃了对生活的追求，他心中的雄心壮志依旧不减，抗争的精神总让他对生活充满了乐观。下面是从一封日期较早的，阿贝尔写给天文学家汉斯坦教授的信中摘录的两段，第一段与阿贝尔要不要在一个坚实的基础上重建他那个时代的数学分析的伟大计划有关,第二段显示出了他的人格方面的一些东西。

“在高等分析中,很少有几个命题是极其严格地被证明了的。我们到处都能发现从特殊到一般的这个不幸的推理方法,而在这样处置之后,我们只在极少的情形下发现被称作悖论的东西,这是个奇迹。找出造成这种情形的原因确实是非常有趣的。在我看来,原因就在于这样的事实:迄今在分析学中出现的函数,大多数都能够表示为幂函数……当我们采用一个一般方法时,避免陷阱并不太难,但是我必须非常谨慎,因为没有严格证明(即根本没有证明)的命题已经在我心里生根,以至我常常冒着不做进一步检查就采用它们的危险。这些琐碎的东西将出现在克雷尔出版的杂志中。”

紧接着的这段文字,阿贝尔表达了对他在柏林受到的待遇的感激之情:“确实只有很少几个人对我感兴趣,但是这很少的几个人对于我亦无比宝贵,因为他们给了我这样多的友情。也许我能以某种方式回报他们对我的希望,因为一个保护人看到自己白白操心了一定是很难受的。”

然后阿贝尔谈到克雷尔怎样请他在柏林定居，克雷尔已经在用他的全部人事管理才干，想把这个挪威人阿贝尔推举到柏林的教授席位上。这就是1826年的德国。阿贝尔当然已经是伟大的了，他那可靠的才能表明他是高斯的最有希望的后继者。纵然他是外国人也没有关系，1826年的柏林需要最好的数学人才。然而柏林似乎并不想招贤纳才，相反，他们总是做着一些愚不可及的事情。一个世纪以后，最好的数学物理人才在柏林也遭难了，希特勒政府强行驱逐了爱因斯坦（A. Einstein，1879—1955）。可怜的爱因斯坦只能逃到美国继续他那伟大的事业。这里，还是让我们谈谈乐观的阿贝尔吧。

“起先我指望从柏林直接去巴黎，因为我因克雷尔有可能陪我去而感到高兴，但是克雷尔有事去不了，我不得不独自旅行。现在，我已不是那种能忍受孤独的人了。单独一个人，精神不振，脾气也变坏了，我几乎不想工作。所以我对自己说，和伯克先生一起去维也纳会好得多，我觉得这趟旅行是有正当理由的，因为维也纳有利特罗（J. von L.，1781—1840）、布盖（P. Bouguer，1698—1758）和其他一些人，都是些优秀的数学家,除此之外,我一生中只做过一次航海。我这个想看看南方生活的愿望难道不是很合理的吗? 在旅途中我能勤奋地工作。一旦到了维也纳,从那里去巴黎,顺便经过瑞士就几乎是条捷径了。我为什么不去看它一眼呢? 天啊! 我,也像别人一样,有种对自然美的爱好。这一趟旅行会使我晚两个月到达巴黎,就是这些。我能很快地补上失去的时间。你不认为这样一趟旅行会对我有好处吗?”

对自然的爱,应该是阿贝尔的另一喜好吧。没有邪恶,没有苦难,有的只是清新的空气、广阔的蓝天和绿色的树林。也许会有狂风暴雨雷电的袭击,可那也只是短暂的现象,风雨过后依旧是阳光灿烂,风景怡人。没有人会否认这一点。而现实的残酷就在于它植根于人们心中的痛苦延续的时间很长很长,甚至可能会就此要了一个人的命。阿贝尔可以直面自然界的狂风暴雨,却无法承受同类种种有意无意地造成的对他身心的伤害。高斯的失误就在于不屑于年轻人对他的尊重,而只是看重自己所做过的一切;而勒让德和柯西等人所犯的错误则是由于他们向来的漫不经心与对别人成果的轻视,对他们自己来说,别人送来的有价值的论文只不过是几张很普通的纸,他们那儿有的是。而正是这种态度葬送了阿贝尔的生命。让我们一起来看看事情发生的整个经过吧,读过之后你会承认我所说的一切。

这到底是怎么回事呢?勒让德和柯西被任命为评阅人。那时勒让德74岁,柯西37岁。老手勒让德正在失去他的锐气,巨头柯西正处在以自我为中心的顶峰,多产的柯西忙着孵他自己的蛋,咯咯地叫着,顾不上谦虚的阿贝尔放在他窝里的更大的鹏蛋。勒让德抱怨(1829年4月18日给雅可比的信)说:“我们觉得这篇论文很难辨认,它是用淡得几乎是白色的墨水写的,字写得很糟,我们两人认为应该要求作者送一份写得整齐易读的来。”这是什么样的托词啊!柯西把论文带回家,不知放在什么地方了,完全把它给忘了。一个堂堂的学者竟在这方面如此粗心大意,真是不可思议。

要形容这种惊人的健忘,我们得想象一个研究埃及学的学者把罗塞达碑丢失了。

罗塞达碑为1797年在尼罗河口的罗塞达城郊发

现的埃及古碑，上刻埃及象形文、俗体文、希腊文三种文字。该碑的发现为译解古埃及象形文字提供了钥匙。然而一个学者竟弄丢了它，世界上竟有这么多相似的事！只是由于某种奇迹，阿贝尔的这篇论文在他死后才被发掘出来。雅可比读了勒让德的信（勒让德4月18日那封是回雅可比的信），雅可比惊呼："阿贝尔先生的这个发现是什么样的发现啊！……有谁看见过同样的东西吗？这个发现，也许是我们这个世纪最伟大的发现，在两年前就交给你们科学院了，可你的同事们怎么会没有注意到它呢？"挪威政府得知了雅可比向勒让德提出的这个质问立即做出了反应。挪威驻巴黎的领事就这份遗失的手稿提出了外交抗议，柯西在1830年把它翻了出来。最后它发表在《法兰西科学院著名科学家论文集》第七卷176页至264页上，但那已经是1841年了。在对待这篇史诗般的著作方面，极端无能的就是编辑，或者印刷工，相继在阅读清样以前把手稿弄丢了。科学院在1830年补偿阿贝尔，让他和雅可比一起获得了数学大奖。然而，阿贝尔已经去世了。

"迄今数学家研究过的超越函数，数目非常之少。实际上,超越函数的整个理论简化成了对数函数、三角函数和指数函数,实质上只是形成了单独一类的函数。”阿贝尔论文的开始几段便表明了它的范围,“只是到了最近,才开始考虑一些其他函数。在后来考虑的函数中,椭圆超越函数占据首位,它们的显著而精致的性质是勒让德发展起来的。”阿贝尔在他呈交给科学院的论文中,研究了很广泛的一类函数,即所有那些导数可以由系数为单变量有理函数的代数方程表示的函数,他已经证明了这些函数的一些与对数函数和椭圆函数类似的性质,得到了下面的定理:

“如果我们有几个函数,它们的导数可以是同一个代数方程的根,该方程的系数均为单变量有理函数,只要我们在讨论中的函数的变量之间建立一定数目的代数关系,我们永远能用一个代数和对数函数表示任意数目的这种函数的和。这些关系的数目完全不依赖于函数的数目,而只依赖于我们所考虑的特殊函数的性质。”

阿贝尔这样简单地描述的定理,今天通称为阿贝尔定理。阿贝尔对它的证明被人们描述为只不过是“积分学中的一道了不起的练习”。就像在他的代数研究中一样，阿贝尔在他的分析中也最简练不过地得到了他的证明。可以毫不夸张地说，这个证明是任何学完了微积分学初等课程的17岁的孩子都能理解的。阿贝尔自己的证明极为简单朴素，毫无夸张虚饰。对于19世纪最初证明的一些推广和几何上的重建，就不能这样说了。阿贝尔的证明就像一尊菲迪亚斯的雕像，其他人的证明则像一座哥特式大教堂。

阿贝尔的开场白是有可能会被人误解的地方。阿贝尔无疑只是在对一位老人表示善意的谦恭，这位老人在他们初次相识时屈尊俯就过他——尽管这位老人把他漫长的一生的大部分工作时间都用在研究一个重要的问题上，却没有弄清楚它到底是怎么回事。勒让德并没有像阿贝尔的话中可能隐含的那样讨论过椭圆函数，勒让德花费了他一生中大部分时间研究的问题是椭圆积分，它与椭圆函数的差别，就像马与它拉的车的差别一样，这恰恰是阿贝尔对数学的一项最伟大的贡献。对任何学过中学三角的人，这个问题都是很简单的，为了避免对初等东西做冗长乏味的解释,在不久要讲到的内容中,假定它们都是已知的。

不过,对于那些完全忘记了三角学的人,可以对阿贝尔的划时代进展的本质,即他的方法论做这样的比喻:我们提到过车和马。把车放在马前面这个陈腐的谬语,描述了勒让德做事的情形。阿贝尔看出,如果要车向前走,马必须走在车的前面。再举一个例子:弗朗西斯·哥尔登在他对贫穷和长期酗酒的关系的统计研究中,他那颗公平的心使他重新考虑了愤怒的道德学家和经济改革运动家——借以别有用心地评价这些社会现象的——自以为是的陈词滥调。哥尔登不是假定人们堕落是由于他们酗酒,而是把这个假设反了过来,暂时假定人们酗酒是由于他们没有从祖先那里继承到道德精神,简言之,是由于他们堕落。哥尔登无视改革家们的一切空洞的说教,他紧紧抓住了一个科学的、客观的、可采用的假说,他能够把公正的数学方法应用在这个假说上。他的工作还没有得到社会承认。暂时,我们只需注意,哥尔登像阿贝尔一样,把问题反过来了——把它上下、里外、前后,来来回回地颠倒了。就像海华沙和那传说的无指手套一样，哥尔登把带皮的一面翻到里面，把里子翻到外面了。

这一切绝不是明显的或不值一提的。它是数学发现（或发明）所设计出来的最有力的方法之一。阿贝尔是第一个有意识地把它用于研究方法的人。“你必须经常颠倒过来考虑”，正如雅可比在有人问他数学发现的秘密时回答的。他在回顾他和阿贝尔做过的事情。如果一个问题的解答陷入毫无希望的状况时，试着把这个问题颠倒过来，把问题作为论据，把论据作为问题，这样，我们会发现，当我们把意大利数学家卡尔达诺（C. Cardano，1501—1576）——文艺复兴时期的学者，著述甚多，性格古怪，品行不端——看作他父亲的一个儿子时，我们无法理解他的性格，只好转移重点，把它颠倒过来，看看当我们把卡丹的父亲作为他儿子的父亲和赋予者分析时，我们得到些什么。不是研究“遗传”，而是集中研究“赋予”。现在回到那些还记得一点三角学的人身上吧。

假定数学家们盲目得看不出 $\sin x$、$\cos x$ 和其他直接三角函数在加法公式和其他地方比反三角函数

$\sin^{-1}x$、$\cos^{-1}x$ 用起来更方便，那就回想一下用正弦和余弦展开的公式 $\sin x(x+y)$，把它与用 x,y 表示的公式 $\sin^{-1}x(x+y)$ 相比较。前者不是比后者不可比拟的更简单、更优美、更“自然”吗？现在，在积分学中，反三角函数自然地以简单代数无理(二阶)的定积分的形式呈现出来，当我们试图利用积分学求一个圆的弧长时，这样的积分就出现了。假定一开始反三角函数就以这种方式出现，那么考虑以这些函数的逆，也就是熟悉的三角函数本身，作为要去研究和分析的已知函数，不是更“自然”吗？这是毫无疑问的，但是在许多更高深的问题中，最简单的问题是用积分求一个椭圆的弧长，首先出现的是棘手的反“椭圆(不是像对于圆弧那样的“圆”)函数”。这就使阿贝尔看出了应该把这些函数“反过来”加以研究，正如在 $\sin x$ 和 $\cos x$ 的情形而不是在 $\sin^{-1}x$ 和 $\cos^{-1}x$ 的情形下来研究一样。很简单，不是吗？然而勒让德这位伟大的数学家，在他的“椭圆积分”(他的棘手的“反函数”)上花了四十多年的时间，却一次也没有想到他应该反过来考虑。这个看似简单、实际上深奥难解的问题的极其简单平常的解决方式，是

19 世纪最伟大的数学进展之一。

但是,所有这一切只不过是阿贝尔在他了不起的定理中对椭圆函数所做的一切工作的开端,尽管是一个非常惊人的开端——就像英国作家吉普林(R. Kvpling,1865—1936)的黎明像惊雷一样的出现。三角函数或椭圆函数有一个单一的实周期,$\sin(x+2\pi)=\sin x$ 等也是这样。阿贝尔发现他的由椭圆积分的逆提供的新函数确定有两个周期,它们的比是虚数。在这以后,阿贝尔在这方面的追随者们——雅可比、罗森海因、外尔斯特拉斯(K. T. W. Weierstrass,1815—1897)、黎曼(G. F. B. Riemann,1826—1866),还有许多人深入地钻研阿贝尔的伟大定理的人,他们通过继续发展和扩充他的思想,发现了一些有 $2n$ 个周期的几个变量的函数。阿贝尔本人更深入地探索了他的发现。他的后继者们把整个这项工作应用到几何、力学、数学、物理的一些部分和数学的其他分支中,解决了一些重要问题,没有阿贝尔开始的这项研究,这些问题是无法解决的。

然而,令人遗憾的是,我们不得不在这里再一次向那些不负责任的犯了不可饶恕错误的大数学家提出抗议，他们手里沾满了一个年轻生命的血，虽然他们后来已意识到自己造成的伤害并公开承认了失误，还以某种方式弥补了自己的过失，但这并不意味着他们从此就可以逃离人们批评的眼光。如果人人犯了错误都拿道歉做挡箭牌，那么世上就不会有正确可言了。有错必改并非是终结批评的前提，永不再犯同一错误才是赢得人们原谅的最终结果。毕竟，善良的人们总不愿意看到美好的事物因一个小小的错误而受到任何的伤害。世界就是这样。

阿贝尔在巴黎的后两个月的生活是惨淡的，没有多余的钱，也没有很多熟人。阿贝尔本可以像狄利克雷那样成为巴黎最受欢迎的人，然而法国科学院有时似乎也会以貌取人，寒酸的阿贝尔注定迈不进科学院的大门，而只能以昂贵的房租旅居伙食极差的靠赚取他人血汗钱过活的巴黎小市民家中。要不是因为认识《科学学报》的编辑塞纳先生，阿贝尔恐怕就要流落街头了。阿贝尔没日没夜地写，稿费虽然少得可怜，但对于阿贝尔来说，只要不被赶出去流落街头，就比什么都好，至少夜里睡觉不用担心巴黎小地痞的打劫。虽然他身上并没有什么值钱的东西,可被人痛打一顿的滋味可不好受,没钱那帮人怎么会轻易放过你呢?发泄的最好的方法就是把你揍上一顿,再扬长而去。塞纳先生曾试图帮助阿贝尔,把他介绍给法国巴黎出版界的大人物们,希望他们能发表阿贝尔的文章或者让阿贝尔替他们的报章杂志写些数学评论,可那些大亨们连正眼都不瞧一下阿贝尔。要不是碍于塞纳先生的面子,他们早就把没有半点名气的阿贝尔赶出他们豪华的大宅院了。在巴黎,一个人没有身份和地位就别想跻身于上流社会当中。阿贝尔忍受不了冷眼相待,最终拒绝了塞纳先生的好意。塞纳先生无奈,他又能给阿贝尔多大的帮助呢?心有余而力不足啊。

在巴黎,阿贝尔能做什么呢?体力活他可干不来,虽然家境贫寒,但这种需消耗大量体能的工作他却从未接触过。阿贝尔自父亲过世后便承担起了养活全家的责任,一方面靠政府那少得可怜的抚恤金,另一方面则靠自己做家庭教师挣来的微薄的报酬。当然,老师洪保及那些善良的教授也帮了他许多忙,包括经济上的,那都是在挪威的事了。如今身在巴黎,照顾全家的事阿贝尔自不必担心,况且还有未婚妻克雷利·肯普。阿贝尔在临走前也将全家安排妥当了,挪威那边应该是没有多少牵挂的。说实在话,远在异乡,哪个游子不思念家中的亲人呢?只不过自己的理想并未实现,阿贝尔岂能如此轻易地离开欧洲大陆返回家园。两手空空对阿贝尔而言似乎并无大碍,毕竟他还年轻,后面的路长着呢(可谁又能保证中间不出什么差错,当然这是例外)。阿贝尔不是个要面子的人,然而他肩上却挑着家人的希望以及老师、教授们的重托,面子不重要,但希望与重托又岂能丢掉?老师洪保看出了他在数学方面的天赋,费尽千辛万苦为他赢得了政府资助,得到去欧洲大陆学习的机会。他本可以借此大展宏图,在欧洲大陆寻找到一个好职位,并以自己的数学成果赢得大数学家们的认可,从而跻身著名数学家的行列,那还会像现在这样烦恼吗?是金子总要发出光芒,可等到金子发出光芒的那天,它的主人却已不在,这是多么令人悲哀的事啊。他本可以用这些金子去换取一生的幸福,可周围的人却是睁眼的瞎子识不破宝物,枉费了他一生的努力。给后人留下了财富,自己却撒手人寰,享受不到财富带给他的种种喜悦。这就是阿贝尔短促一生的真实写照。

继续写论文依然是阿贝尔目前的工作，除此之外，谁还能为他提供更好的工作呢？繁华的大都市巴黎并非是所有人的天堂。阿贝尔在此无亲无友，那些大数学家又都忙着自己的工作与社交，哪有时间与精力顾及可怜的阿贝尔，他们连他的论文都不愿仔细审阅就将其枪毙了。家庭教师可能更适合阿贝尔，可在巴黎这样的花花世界当中，没有任何背景，落魄寒酸的阿贝尔又能引起哪个巴黎权贵的兴趣呢？巴黎有的是比阿贝尔有名气的年轻人，虽然阿贝尔目前的才能已远远超出了他们当中的许多人，可那又有什么用呢？没有巴黎科学院的最后认同，阿贝尔就一辈子别想在巴黎站住脚跟。这就是活生生的现实。

阿贝尔默默地承受着生活对他的种种打击，也许只有把自己投入到无休止的研究中才能稍微缓解窘迫的生活环境给他带来的巨大压力。可命运似乎总爱跟阿贝尔开无聊的玩笑，当阿贝尔想静下心来好好地钻研数学时，贪婪的房主便如催命鬼般敲门讨要房租，搅得阿贝尔无法集中精力进行研究工作。

房主的贪婪并不像巴尔扎克(Honoré de Balzac,1799—1850)在《守财奴》中所写的那般视财如命,但那本性埋到地底下过了千年万年也不会改变。阿贝尔就是在房主的吆喝与奚落声中生活着。

“穷小子,没钱就别租房,一天两顿饭管饱就够可以了,你还嫌不好吃。瞧瞧你那穷酸样,给你吃,给你住,只收你点房租你就哎哟哎哟嫌这嫌那。不多收你钱,没把你赶走算你有福气,碰上我这么一个好心肠的人,要不你早就流落街头,死了都没人瞧上一眼呢。”

看一看我们这一位“好心肠”的房主吧。唉,阿贝尔一次又一次体味到了世态的炎凉与辛酸。不是阿贝尔故意拖欠房租,他有他自己的苦衷,没人能了解阿贝尔在巴黎是怎样度日的。那段日子真是苦不堪言,为了省钱,阿贝尔有时把三餐减成两餐,要么不吃早饭,要么把午饭的时间推迟到下午 3 点或 4 点。如果肚子饿了,那就上床睡觉,这多少能减轻点饥饿之感。只不过第二天醒来时会觉得头昏脑涨。阿贝尔解决饥饿问题的方法是从市场上买回一根又大又长的香肠挂在床头,只要觉得饿得受不了时,便从香肠上割下一小片，再冲上自制的咖啡（也不知阿贝尔从哪儿学来的），就是一顿“很丰盛”的加餐了。

阿贝尔用钱“吝啬”到什么程度呢？冬天来临时，房间里很冷，可阿贝尔却舍不得买炭火取暖，不是舍不得花钱啊！实在是手头的钱确实不多了，况且贪婪的房主还要从他手中夺走一部分。就是外出时，阿贝尔都尽量走着去，除非万不得已才会雇上一辆马车。巴黎的冬天冷得出奇，为了御寒，阿贝尔只好跑到街上，希望通过跑上几圈能驱走身上的寒意。可单薄的衣服哪能抵得住严冬的侵袭，等到身上跑出汗时，阿贝尔的鼻子、耳朵、手和脚都已经冻坏了。

阿贝尔就是这样在巴黎生活着。面对房主刻薄的嘲讽，阿贝尔无言以对，更不愿反唇相讥。他能说什么呢？在这屋檐下，人格与尊严成了最不值钱的东西。一吵一闹只会招来更多的谩骂与侮辱，市井小民的泼辣又岂是文质彬彬的阿贝尔所能应付得了的呢。阿贝尔心想，狗见到陌生人总会狂叫不已，讨了没趣自然会悻悻地走开，不再叫唤，更何况是见钱眼开的奴才呢。于是，每一次房主大声叫喊时，阿贝尔总是以沉默回敬这可恶的房主。此时，人格与尊严都被阿贝尔收了起来。他的苦又能向谁倾诉呢?

前面我们提到过伽罗瓦曾到过巴黎,把他的论文交给柯西审阅,最后柯西竟然不称职到把伽罗瓦的手稿遗失了。其实,阿贝尔在巴黎时,和他的这位杰出的后继者伽罗瓦只相隔几千米的距离。要不是由于伽罗瓦的老师的愚蠢和阿贝尔的一些数学"前辈"的高傲,伽罗瓦和阿贝尔很可能早就见面了。阿贝尔从来没有听说过伽罗瓦的名字,但他俩却有着极其相似的一面。也许一旦阿贝尔与伽罗瓦见面了,阿贝尔的生活会是另外一种景象。然而事实是,伽罗瓦和阿贝尔没有见面,并且两人的命运都因法国科学院里的那些"前辈"的粗心大意与轻视而改变了。

更有趣的是,16 岁时,伽罗瓦犯了一个奇怪的错误。伽罗瓦当然不知道阿贝尔在他的事业开始时就自认为他已做出了不可能做到的事,解决了一般五次方程的问题。伽罗瓦重复了阿贝尔的这个错误。有一个时期(不过时间很短),伽罗瓦相信他已经做到了不可能做到的事。这仅仅是阿贝尔和伽罗瓦两人的经历中几个特别相似之处中的一个而已。

两人不同之处在于阿贝尔死于贫穷，伽罗瓦则死于愚蠢。在全部科学史中，极度愚蠢战胜不可抑制的天才的例子中，再没有比伽罗瓦过于短促的一生所提供的例子更恰当的了。关于他的不幸的记录，很可能作为一切自信的教书匠、无耻的政客和骄傲自满的院士们的一个不祥的警示碑而竖立。伽罗瓦不是“无用的天神”，但是，面对大群愚蠢的人联合反对他，就连他那非凡的力量也被粉碎了，他在同一个接着一个的不可战胜的蠢材（就伽罗瓦所研究的课题而言）的斗争中耗尽了自己的生命，最后在一场不足取的爱情纠葛中告别了这个世界。因为不幸，阿贝尔死于贫穷无可非议，伽罗瓦死于愚蠢却是万万不该。不过，阿贝尔与伽罗瓦都在数学的圣殿里镌刻下了他们不朽的名字，他们的伟大与他们的年轻永存。

生活的清苦、与伽罗瓦未能谋面、论文手稿被遗失是阿贝尔的不幸，然而最大的不幸却是因为过度的劳累和贫困的生活环境摧残着阿贝尔的身体，又由于怀才不遇、知音难觅，心情郁郁寡欢，阿贝尔染上了肺结核病。其实，想想阿贝尔在巴黎过的那种日子，不得病那才怪呢。起初，阿贝尔并不在意自己的身体情况，原以为那只不过是经常性的感冒，可不时的轻微吐血却让阿贝尔不得不痛下决心花钱看病。经过几位很高明的医生诊断后，阿贝尔被告知他患有肺结核。这一结果比法国科学院不接受他的论文更加残酷地打击着阿贝尔。他惊呆了，两眼直瞪瞪地望着天花板。谁都知道，患了肺结核实际上就说明离死不远了。阿贝尔第一次真正地感到了死亡的威胁。父亲的死使阿贝尔变得坚强起来，达根教授的死使阿贝尔更觉得生命可贵，追忆那些作古的伟大数学家们则令阿贝尔更加珍爱自己的生命。然而，面对死亡如此无情的威胁，阿贝尔一点思想准备都没有。

阿贝尔呆呆地坐在塞纳河边，静静地望着河面上漂着的梧桐树叶，忽然仰天长叹："我不就像那水面上漂浮着的树叶吗？飘飘忽忽，任水流冲击，却不知自己最终的方向在哪儿。上帝啊，你对我实在是太不公平啦！我还年轻，我还有许多工作没有完成，母亲和弟弟妹妹也需要我的照顾，亲爱的肯普要是失去了我她该怎么办呀！"疾病几乎粉碎了阿贝尔坚强的意志，也曾一度打乱了阿贝尔正常的生活规律。

对于自己在巴黎的情况，阿贝尔守口如瓶，只是把自己的基本情况向亲朋好友们通报一下。至于房主的刁难和患病，阿贝尔只字未提。他实在担心他们知道了这些情况后会为他感到极大的不安。他已经从他们那儿得到了很多很多，自己现在这种情况是万万不能再麻烦他们了。看来，阿贝尔希望欧洲之行能实现抱负的梦想是彻底破灭了。阿贝尔知道他在巴黎是不可能再待下去时，毅然决定回到柏林，回到那个曾经让他看见希望与梦想的地方。

在巴黎过完圣诞节后，阿贝尔放下手头的工作，收拾起行囊，终于离开了贪婪的房主，告别了科学院和那些高傲的“前辈”，擦去了靴子上巴黎的泥土，抚着一颗破碎的心踏上了重返柏林的归程。巴黎，浪漫的巴黎，被奔跑的马车远远地抛在阿贝尔的身后。这个天堂与地狱之都在阿贝尔的眼中渐渐变小，变小，直至消失在遥远的地平线上。悲剧在巴黎落下了帷幕，但在前方又开始上演新的悲剧。

第十六章　告别欧洲大陆

巴黎，对有些人而言是天堂，可对阿贝尔来说简直是地狱。房主的蛮横与贪婪、科学院那群漫不经心的前辈都让阿贝尔尝遍了人间的冷暖。连阿贝尔自己都想不到，他会在巴黎找不到自己的栖身之地。这并不是说阿贝尔过高地估计了自己的能力，实际情况是，阿贝尔确实是一匹真真正正的千里马，只不过伯乐也有走眼的时候。

千里迢迢，怀着满心的希望来到巴黎的阿贝尔，最后不得不带着失望，拖着病体伤心地离开了巴黎。马蹄奔跑扬起的灰尘模糊了阿贝尔的视线。阿贝尔明白，这一走就不会再回来了，他已没有时间、没有机会、没有精力再度踏上这片土地了。巴黎给阿贝尔带来的并不是荣誉，反倒是痛苦与无奈，但当要转身离去时，阿贝尔多少也产生了留恋之情。寂寞的路途，马车在飞驰，前方就是阿贝尔牵挂的城市——柏林。春天又悄悄地在这里降临。

回到柏林的阿贝尔受到了克雷尔及朋友们的热情招待，他们纷纷向阿贝尔问这问那，想听一听阿贝尔到达巴黎后的有关情况，还有法国科学院那些大名鼎鼎的数学家的近况。虽然一路奔波很是疲劳，但朋友们的热情却让阿贝尔倍感温暖。他向他们简略地讲了自己在巴黎的许多情况：如何与大数学家们打交道，如何把辛辛苦苦写完的论文送交科学院却音讯全无……这一简单回答倒省去了谈论他在巴黎所受到的房主的非难及患病一事，阿贝尔把痛苦咽在了肚子里。听完阿贝尔的讲述，虽然他只是轻描淡写，朋友们个个却已是义愤填膺，有的甚至还骂起了勒让德与柯西的无能之举。阿贝尔很感激大家对他的关心。朋友们也为阿贝尔能来到柏林而欢悦。最后，大家看到阿贝尔实在是太累了，说了一些安慰的话后便各自离去。阿贝尔就是这样开始了他在柏林的最后一次停歇。或许真如朋友们所言，一切都会好的。

阿贝尔多么希望好心的祝福能够变成现实啊，但不幸的是，阿贝尔到了柏林后不久便病倒了。这是他的肺结核病的第一次发作。躺在床上的阿贝尔呼吸急促，浑身乏力，他感觉有一股力量在压着他的脸部使他透不过气来。他试图站起来，但身体却不听使唤，摇摇摆摆。地上有一摊血——阿贝尔吐血了。阿贝尔有一种要崩溃的感觉，他的坚强的意志快支撑不住了。阿贝尔真想自杀算了，与其忍受痛苦的折磨，不如死了舒服。可一想到母亲，想到肯普，想到老师洪保，阿贝尔马上打消了这个念头。"不，我不能死，我要为我的生命而奋斗！"阿贝尔喘着粗气大声喊道。

阿贝尔得病的消息很快传入了克雷尔的耳中。当克雷尔急忙赶到探望阿贝尔时，阿贝尔已好了一大半，但从他的脸色中依稀可以看出他刚犯过大病。阿贝尔明显瘦多了。克雷尔一边责怪阿贝尔对他隐瞒了病情，一边力劝阿贝尔留在柏林，取消回挪威的计划，直到他能在一所德国大学中为阿贝尔谋到一个职位。当然，克雷尔还希望等阿贝尔病好后继续担任他的杂志的编辑，同时叮嘱阿贝尔安心养病，不要再拼命地工作了。

对于克雷尔的慷慨,阿贝尔内心感激不尽。他答应了克雷尔的请求。经过一段时间的静心休养后,阿贝尔的身体已恢复得差不多了。然而,阿贝尔现在只剩下很少的钱了。他写了一封急信从老师洪保那里借来了一笔钱,信曾延误了一些时间,这段时间里克雷尔也帮助了阿贝尔,阿贝尔满怀信心地相信,他回国后会有一个挣钱的工作,一切都会很快好起来的,大学的工作一定会很快到来,他的才能也一定能得到承认。阿贝尔从 1827 年 3 月 5 日起,靠着老师洪保的少量资助生活和从事数学研究。

在柏林,阿贝尔写了一篇新的文章,名为《关于椭圆函数的研究》,这是阿贝尔最长的文章。在这篇文章中,阿贝尔借助于椭圆函数的反函数把椭圆积分理论在根本上归结为椭圆函数的理论。在阿贝尔工作的启示下,椭圆函数成为 19 世纪数学中最好的研究课题之一。阿贝尔在奥斯陆当学生时就发展了这个理论的大部分内容,所以能够用十分丰富的内容解释椭圆函数的理论,如双周期性、无穷级数和无穷乘积的展开、加法定理等。这个理论使变量倍数的函数用相对应的分式变量方程来表示，而这个方程有根式解。这与高斯对分圆方程的处理方法十分类似。阿贝尔在1826年12月从巴黎及1827年3月4日从柏林写给老师洪保的信中表示他特别热衷于研究用圆规和直尺将双纽线二等分的条件问题。这和高斯构造正多边形相类似。文章的最后一部分讨论了所谓复乘积理论，这在后来的代数理论中是十分重要的。

然而，伟大的法国数学家傅立叶却指责阿贝尔把时间浪费在椭圆函数上，热传导中的一些问题还有待解决。在这里，我们可以引用雅可比的话来反驳傅立叶，雅可比说："傅立叶先生确实有过这样的看法，认为数学的主要目的是满足公众的需要和解释自然现象，但是一个像他这样的哲学家应当知道，科学的唯一目的是实现人类头脑的光荣，而且我们应该知道，在这个观点之下，数的问题与关于宇宙体系的问题具有同等价值。"

如果傅立叶能够重视世事，他可能会对他为了"有益公众和解释自然现象"而发明的分析学的遭遇感到厌恶。今天就数学物理而言，傅立叶的分析只是广阔得多的边界值理论问题中的一个细目，傅立叶所发明的分析，正是在纯数学中最纯粹的部分找到了它的重要意义和它的正当理由。这些现代的研究者是否给"人类的头脑"增加了光荣，可能要留待专家们去考虑了——倘若行动主义者们还留下了什么东西给人类的头脑增光的话。

阿贝尔做出伟大工作的学科之一是椭圆函数，我们已给了这个学科适合它的地位的篇幅。因为毕竟它在今天大致只是单复变量函数更广泛理论的一个细节，而单复变量函数的理论作为一件令人感兴趣的事物，正在逐渐退出不断变化的舞台。单复变量函数理论是19世纪数学的一个主要领域，对此没有任何数学家会提出异议。我们可以在这里重复一下这个理论之所以如此重要的原因。高斯已经指出，复数给每一个代数方程提供一个根是既必要又充分的。可能有任何更一般类型的数吗？这样的数是怎样产生的呢？

复数在代数著作中首次出现是在解某些简单方程（如 $x^2+1=0$）的尝试中，我们也可以在另一个初等代数的问题中看看它们的起源，这个问题就是因式分解。为了把 x^2-y^2 分解成一次因式,我们不需要比正、负数($x^2-y^2)=(x+y)(x-y)$ 更神秘的东西。但是对于 x^2+y^2 提同样的问题,则需要“虚数”:$x^2+y^2=(x+y\sqrt{-1})(x-y\sqrt{-1})$。在诸多可能而公开的方向中的一个方向上再走一步,我们可以试着把 $x^2+y^2+z^2$ 分解成两个一次因式。这样,正数、负数和虚数就够了吗?或者,为了解决这个问题必须发明某种新的“数”吗?后者是对的。人们发现,为了得到必需的新“数”,普通代数规则被减少成了一个重要的细则:“‘数’乘在一起的次序无足轻重”这一规则不再成立,也就是说,对于新数,$a\times b$ 等于$b\times a$不再成立。当我们对此有所了解之后,初等代数的因式分解问题很快把我们引到了复数不适用的领域。

如果我们坚持全部普通代数规律对这些数都成立,我们能走多远?什么是可能的最一般的数?在19 世纪后半叶,人们证明了复数 $x+iy$(其中 x,y 是实数,$i=\sqrt{-1}$)是使普通代数成立的最一般的数。我们回想起,实数相当于沿着一条固定的直线向任一方向（正向、负向），走到一个定点的距离。笛卡儿几何中函数 $f(x)$ 的图形，按照 $y=f(x)$ 画出来，给我们提供了实变量 x 的函数 y 的图形。17、18 世纪的数学家认为，他们的函数就是这一类型的。但是，如果他们应用于他们的函数的普通代数及其扩展微积分学，能同样应用于复数（它作极端退化的情形包括了实数），那么，早期的分析学家们发现的许多东西，还不到可能存在的全部情形的一半就是很自然的了。特别是积分学提出了许多费解的不规则现象，这些现象只是到了运算领域被扩大到了最大可能的程度，复变量函数也由高斯和柯西采用了的时候，才得到消除。

不能过高估计椭圆函数在整个广阔的极为重要的发展中的重要性。在椭圆函数理论中，不可避免地要出现复数，高斯、阿贝尔通过他们对这一理论的广泛地和详尽地阐述，为发现和改进单复变量函数理论中的一般定理提供了一个试验园地。这两个理论似乎注定要互相补充和完善——这是有原因的，椭圆函数与二次形式的高斯定理的深刻联系，也是有原因的。不过对空间的考虑迫使我们放弃了二次形式的理论。在椭圆函数中出现的那些范围更广的定理的特殊例子,为一般理论提供了数不清的线索,要是没有这些线索,单复变量函数的理论就会比实际发展慢得多——学数学的读者可以回想一下刘维尔定理,多重周期性对整个学科,以及对代数函数及其积分的影响。如果19世纪数学的这些伟大的纪念碑中,有一些已经隐退到过去的迷雾之中,我们只需提醒我们自己,皮卡尔的本质奇点域内的例外值的定理,是首先用椭圆函数理论中产生出来的方法证明的。这个定理是流行的分析学中最有参考价值的一个。以上便是椭圆函数在19世纪的数学中之所以重要的原因的部分概要。

椭圆函数的历史是相当复杂的,虽然它在专家们看来是很有趣的,但不大可能引起普通读者的兴趣。因此,我们将略去下面的简单概要的证据(高斯、阿贝尔、雅可比、勒让德以及其他人的通信)。

首先,确有实据的是,高斯早在二十七年前就预见到了阿贝尔的一些最惊人的工作。高斯确实说过,"阿贝尔正是走在我1798年走过的同一条道路上。"任何研究过,只是在高斯死后才发表的证据的人,都会承认这个断定是公正的。其次,人们似乎一致同意,阿贝尔在一些重要的细节上走在雅可比前面。(虽然雅可比在完全不知道他的竞争者的工作的情况下开始了自己的伟大的工作。)

椭圆函数的一个重要性质是它的双周期性(阿贝尔在 1825 年发现的):如果 $E(x)$ 是一个椭圆函数,那么有两个特殊的数,比如说 p_1, p_2,使得 $E(x+p_1)=E(x)$,$E(x+p_2)=E(x)$,对于变量 x 的一切值成立。

最后,在历史方面勒让德所起的作用多少有些悲剧性质。他在椭圆积分(而不是椭圆函数)上拼命工作了四十年,却没有注意到阿贝尔几乎立刻就看到的东西,那就是把他的观点颠倒过来,整个问题就变得无比简单了。椭圆积分首先出现在求椭圆的一段弧长这个问题中。对于我们要谈到的阿贝尔所说的关于逆反的话,可以加上下面的符号说明。这将更清楚地说明勒让德错过了要点。

设 $R(t)$ 表示一个 t 的多项式,如果 $R(t)$ 是三次或四次的,具有符号为 $\int_0^x \frac{1}{\sqrt{R(t)}}\mathrm{d}t$ 的积分,就称为一

个椭圆积分；如果 $R(t)$ 的次数高于四次，这个积分称为阿贝尔积分（以阿贝尔的名字命名，他的一些最伟大的工作与这样的积分有关）；如果 $R(t)$ 只有二次，积分可以很容易地用初等函数计算出来。特别有 $\int_0^x \frac{1}{\sqrt{1-t^2}}\mathrm{d}t = \sin^{-1}x$（$\sin^{-1}x$ 理解为"一个正弦是 x 的角度"），那就是说，如果 $y = \int_0^x \frac{1}{\sqrt{1-t^2}}\mathrm{d}t$，我们就把积分的上限 x 考虑成积分本身，即 y 的一个函数。问题的这个逆转，去除了勒让德为之奋斗了四十年之久的工作的大部分困难。在去掉了这个障碍以后，这些重要积分的真正理论几乎就自己冒出来了——就像把一根巨木拖出来以后，阻塞的浮木就能顺流而下了。

当勒让德领悟了阿贝尔所做的大事情后，他真诚地说，阿贝尔在这方面的研究比自己好，还发表了补充性的文章，尽管勒让德知道阿贝尔的更简单的方法（逆转的方法）使本应成为他自己四十年劳动的杰作的东西变得毫无价值了。对于阿贝尔，勒让德的赞扬来得太晚了。阿贝尔在柏林完成了关于椭圆函数的一篇开创性论文后就决定回挪威了，因为他所有的生活来源都快要枯竭了，阿贝尔不得不向克雷尔提出要回国的决定。

此时的克雷尔也是爱莫能助，他已使出浑身解数来为阿贝尔争取一个在柏林的职位，可德国的情况却糟糕透了，他们连人才都不愿意留住。克雷尔觉得有点对不住阿贝尔，他为没能更好地帮助阿贝尔而觉得难过。但，这又岂能怪罪于克雷尔呢？他已经尽了力。对于阿贝尔提出回国的事，克雷尔表示理解，他并不认为阿贝尔是在故意以此来取笑他的办事能力，在跟年轻的阿贝尔相处的这段时间里，克雷尔分明看到了一个刻苦工作，但却又极度忧郁的生命在为生命而奋斗的种种尝试。克雷尔真希望阿贝尔再多待些时日，或许工作的事就会有着落，他已经在努力了，虽然他不敢打保票什么时候能够争取到。但克雷尔转念一想，让阿贝尔回国去也许更好，他需要亲人的关心和照顾，如果到时有了工作，再通知他来柏林也不迟啊。于是，克雷尔就不再挽留阿贝尔，两位好朋友就此分手了。

1827 年 5 月，阿贝尔告别了克雷尔（谁能想到这竟会是永别呢），告别了欧洲大陆重新回到了祖国挪威。整个欧洲之行花去了阿贝尔两年多的时间,有收获也有失望。对于此次访问,阿贝尔更多的是无奈,他曾抱有的梦想并未成为现实,不仅如此,他身心所受到的伤害却是无法用言语表达的。阿贝尔就好比是在沙漠中徒步行走寻找绿洲的人,暴烈的阳光晒得他口干舌燥,滚烫的沙子更让他热得如热锅上的蚂蚁般难受,但他心中一直坚持这样的信念:我一定能找到生命的绿洲。忽然,前面出现了一片绿洲,阿贝尔仿佛抓住了救命的稻草,欢呼着狂奔过去,可眼前还是一片沙漠,空空荡荡,这只不过是海市蜃楼罢了。阿贝尔虽然没有找到他的生命绿洲,但我们应该记住的是,欧洲之行创造了阿贝尔个人的神话,并为他日后成名铸就了一尊永恒的纪念碑。

阿贝尔告别了欧洲大陆,同样也告别了在欧洲大陆所承受的苦难以及享有的友情。然而令人遗憾的是,苦难的历程并未因阿贝尔的归国而就此结束,地狱之门已渐渐向阿贝尔开启,年轻的他走近了他生命中的最后时刻。

第十七章 我只有一法郎

阿贝尔一生的经历无疑是不幸之中的不幸，社会大背景使他家庭特别贫困。父亲的过早去世，又使他不得不担负起养活全家的重任。“我必须挣钱谋生。”阿贝尔常常对自己说，因为母亲、哥哥和弟弟妹妹在依靠他，但是，这对未来充满希望并盼望着能够如愿以偿的阿贝尔来说却是不幸的。由于他有超前的意识和天才的想法，因此一度被人们认为是疯子在胡闹，特别是欧洲之行所受到的几位大数学家的冷遇更使阿贝尔本已十分艰难的处境又加上了一些不幸。这一切让他从母亲那里学会的想从生活中得到更多感悟的人生目标变得更加难于实现。理想与现实的巨大反差让他难以接受，长时间的近乎自虐的研究工作和来自各方面的压力，终于使他积劳成疾。在离开欧洲之前被诊断为肺结核,这种病在当时是相当于当今癌症的一种可怕的疾病,加之欧洲之行使阿贝尔这位天才的数学家痛心和失望至极。在1827年5月,他决然回到了自己的祖国——挪威。

也许是上帝在故意考验阿贝尔,有天分,有才能,但却无法施展。以阿贝尔当时的能力是完全可以胜任任何一所大学讲师和政府科学院数学研究员的工作的,他四处奔波,申请获得一份工作,但一次又一次遭到拒绝,使得他本已受病痛折磨的身心一再遭受打击。

阿贝尔回到挪威后,生他养他的祖国母亲没有张开她那温暖的双臂来迎接这位本应光芒四射的巨星,而是很不礼貌又无情无义地抛弃了他。似乎从他出生的那个雷雨交加的夜晚起就注定了阿贝尔风雨坎坷的一生。一颗明亮的星星在乌云和雷电的掩映下,光芒只能被暂时掩盖。

1827年6月2日,阿贝尔经过慎重考虑,反复斟酌,给当时的参议院写了一封信。信中阐述了自己研究的方向和内容,并且讨论了所有这些事情如果成功对政府是很有益处的，希望政府每年拨给他相当于1 000法郎的经费。这个数目是他宏伟的欧洲之行前曾经得到过的。虽然阿贝尔写这封信的目的很明显，是想从政府请求补助金，使自己的研究得以继续进行，当然这也是无可厚非的。一个天才的数学家，首先，他是一个人，一个食人间烟火的活生生的人。做人的第一需要是生存，生存是进行其他工作的基础。况且1 000法郎对于一个政府来说实在是太微不足道了，但，就是这样一个最基本的要求，也被政府无端回绝了。

阿贝尔在现实面前有些绝望了，他想到了死。但是一想到自己的中学时代、启蒙老师和对数学的执着与自己的使命，他又振作起来，重新又在他的请求中写道："我完全没有生活来源以获得自己的住所和最起码的生存需要。自从我回国以后一直是这个样子。我恳切地希望政府能够看得远一些，给我一点资助，以使我完成自己的研究。"为了引起政府足够的重视，使申请更有说服力，阿贝尔随同这个申请一起寄上了几本刊登着他的论文的《纯数学与应用数学》杂志。这一次他自以为可以凭自己的数学研究论文引起政府的重视而得到政府的资助。过于天真乐观的他又一次被拒绝了。为什么？生活中好多事情是不需要理由的，对于政府就更是如此。

这一次，政府在回信中提到：如果哪个大学认为阿贝尔的研究有价值，适合自己的学校，可以从经费中拿出1 000法郎。但这一切又谈何容易。这需要阿贝尔去四处奔波，推荐自己，加之各大院校经济上的不景气，有谁会“伯乐识好马”留一位数学天才工作呢？这个时候，阿贝尔在奥斯陆（旧称克里斯蒂安尼亚）的家也正处于深深的不幸之中。当年在小学时与他相依为命、最后由于功课太差而被学校开除的哥哥被断言为白痴，无力为这个家庭做出什么贡献。弟弟正在上学，但也不太聪明，只剩下妹妹在一个家境不错的家庭中做教师挣钱以糊口。这样的家庭对于极富情感的阿贝尔来说，无疑是一个巨大的包袱。这样，他要凭自己的能力来获得应得报酬的想法就更加强烈了。但，两次请求均被政府回绝使他无能为力，他再一次感到失落和悲哀，一种作为天才的悲哀和渴望继续研究、渴望工作的期盼……多少渴望和悲哀集中在一起，这是一种常人无法体验的悲哀。天真的无绝人之路吗？天生我材必有用吗？阿贝尔自问，内心的痛苦使他怀疑命运是否在对自己开玩笑。

阿贝尔欣慰的是虽然受了大数学家们和政府的拒绝，但还有同窗好友和多年来一直真切地关心照顾他的良师益友。在阿贝尔回国后，洪保老师一直关注着他的工作问题，在自己的熟人中推荐阿贝尔，但终未如愿，为了帮助阿贝尔渡过这暂时的难关，他把阿贝尔安顿在自己的家中，用自己本已微薄的工资来接济他。阿贝尔找到了一个暂时的避难所，可以继续进行数学研究了。

就在阿贝尔穷困潦倒之际，生活终于露出一线曙光。1827 年末，一所大学在认真考察了阿贝尔的研究成果之后，认定这方面的研究是有意义的，并愿意给他津贴，以助他完成自己的研究，阿贝尔兴奋极了。“洪保老师，我找到工作了，太好了，我可以一边工作照顾家里，一边进行数学研究了。”这使阿贝尔获得了心理上的平衡。他不必再为生计而劳太大的神，可以抽出更多的时间来进行研究，同时阿贝尔还在给人做家庭教师以挣些钱来填补家庭生活之需。

虽然生活过得还比较拮据，但相对于前一段时间来讲，这已经是大大地改观了。

1828年初，汉斯坦教授在即将随代表团去西伯利亚之前，以知名教授的身份向社会呼吁：要重视阿贝尔的关于超越函数理论研究的价值，这是数学界的一个很重要的理论分支，希望政府、大学和社会各界能够给予支持。并提议推荐阿贝尔在大学里担任讲师工作，并且可以和洪保一起在学校任职。汉斯坦的第二个提议很快被接受了。阿贝尔开始与他的恩师洪保一起在军事学校供职。

至于实现第一个提议却是十分艰难的。最初，只允许阿贝尔在大学里做一些没有任何头衔的学术报告。阿贝尔十分珍惜这来之不易的机会，他在多次演讲和讲学中向同事和同学们系统地讲解了他的研究工作，这使大家理解了他工作的意义和他的丰富的数学才能，同时也开阔了他的数学研究思路。他的学识很快得到一位非常有名望的教授的赏识，这位教授非常和善，常常像对待自己儿子一样在家里接待阿贝尔，和他共同探讨数学方面的问题。凭着阿贝尔的聪颖和思维反应能力，就好像第一次见克雷尔时的情况一样,很快这位教授了解了阿贝尔的研究能力,确信了他的才华,极力推荐他成为皇家科学院的一名成员。并和穆勒等一起参加过欧洲之行的学术同行邀请阿贝尔共同建立了一个小型的学术研究会,尽管是小型的,但能够彼此畅谈数学研究的进展,了解国际研究的状况,这在观念上是一个了不起的进步。这期间,阿贝尔不仅完善了他关于五次方程无解和有解的系数方面的理论研究,即代数理论体系的深入研究,还在微积分、椭圆函数、级数等方面进行广泛活跃的数学研究工作,发表了许多篇论文,这些也是阿贝尔理论体系中最后的内容。从这些内容中,我们不难看出他所做的工作是超时代的。他发展了雅可比等人的理论,给出了很多证明,同时也扩展了自己的代数理论研究,为近世代数学奠定了理论基础。

1829 年 3 月,阿贝尔的命运有了新的转机,被正式聘为大学讲师,年薪为 2 000 法郎。这是他生活的重大转折。他虽然获得了一笔数目不小的工资,但是他还要养活全家6 个兄弟妹妹和母亲,加之长时间的花费和债务,使得这样的一笔收入暂时还是显得微不足道。正如他在1828年8月写给汉斯坦夫人的一封信中所提到的一样:我现在就像教堂里的老鼠一样穷,我只有一法郎。

阿贝尔不得不经常放下自己手中的研究而去寻找一些短工来做,以便挣得一些钱来贴补本已非常拮据的家用。长时间的劳累、精神的压抑和久而未治的肺病严重了,侵袭着他本已十分疲惫的身体。饱尝着肺病折磨的阿贝尔依然还在不停地做他的研究工作,丰富的数学思想和新的结果在头脑中涌现不停。"我必须写出来。"他不断地对自己说着。他的工作时常被一阵阵剧烈的咳嗽打断。每当这时,他就手按胸口,尽量向里压着,但他眼里充满坚强和刚毅,他在与命运抗争。

第十八章　最后的冲刺

阿贝尔深知自己的病情将越来越重，这时的他就像一部上满了发条的钟，不分昼夜地工作。为减轻病痛，他手边又多了一件工具——硬木块，病痛时就用木块压一会儿，以减轻痛苦。他似乎感到上帝所能给予他的有限的生命已经所剩不多了，他抓紧时间赶写论文，补充雅可比的论文证明（称为雅可比定理），并将有关文章于1828年5月27日和9月25日完成后交给了汉斯坦。从这两篇论文中不难看出阿贝尔关于椭圆函数的各种性质的研究是领先于时代的。

在这两篇论文中包括了寻找所有有理化转变方式这个问题的完整的答案。他假设新积分中的变量 y 是原积分中变量 x 的有理函数，那么在这两个变量之间就存在着一个代数方程，他发现无论方程怎样，通过相减就可以找到两个根的关系。假如根 x 等于

$\lambda(\theta)$,λ 表示最初的椭圆函数,另一个根由 $\lambda(\theta+$常量$)$得出。然后,他开始用周期性这种方法来确定这个常量的值。他发现这样的有理数 y 只有 4 个常数可实现转化。显而易见,他可以通过某种方式进行选择。双周期,就像后来被应用的一样,作为基本研究的一种手段出现还是第一次。这是他 1828 年 5 月 27 日完成的第一篇论文的主要内容。从他给朋友的一封信中可以看出,他对自己的工作成果还是非常满意的。

同时,阿贝尔关于雅可比定理的证明部分引起了一片钦佩的赞叹声。这时他的工作已经有一部分得到了其他数学家和社会的承认。贝塞尔(F. W. Bessel,1784—1846)在给高斯的一封信中称阿贝尔是“一个新纪元的创始人”。但这一切成功的到来对于阿贝尔短暂的一生来说似乎太迟了,如果像高斯、柯西、勒让德等这样的大数学家能够早一点发现阿贝尔这个天才的话,那么,不仅仅可以延长他的生命,而且还会使数学有更大的进步。正是由于他们没有“闲暇”来研究一个“小辈”的工作,这些大数学家对阿贝尔深感遗憾,他们到那时才翻出压在箱子底下几年甚至十几年的阿贝尔的手稿,但一切也只能是追忆了。

我们在这里想让大家更多地了解在生命的最后阶段阿贝尔是如何与生命抗争,如何与病魔抗争的。他的精神是比论文更永恒、是更值得我们学习的东西。

阿贝尔一生中有对家庭的责任义务感,对数学的执迷和深深的爱,尤其在生命的最后阶段更得到未婚妻克雷利·肯普的爱。肯普是一个并不太美丽但却十分可爱的姑娘,她内心深处有着对阿贝尔无尽的理解和爱,无论阿贝尔在身边还是在国外,深深地理解和无尽的关心是对阿贝尔专注研究的一种支持,两颗心相依相伴共同度过艰苦的生活。

阿贝尔的病情一天天地加重,肯普为他到处奔波求医问药以期能减轻他的痛苦。生活的艰难和良久的期盼,使得肯普十分憔悴,她常常暗自流泪,在阿贝尔面前却总是保持开朗、快乐的样子,好让阿贝尔安心,不受影响地钻研数学。阿贝尔更是深爱着肯普,在紧张工作中常有她的陪伴,在远离祖国时常有她满怀深情的鸿雁,为了肯普的多年期盼和爱,

"我要有所成就,我可以给她带来幸福,让我未来的生活更好,可是我给她留下了什么呢?为什么要失去这份期待和爱?"阿贝尔痛苦地思考着。

阿贝尔在他生命垂危之际写信给他的朋友基尔豪,"她并不美丽,她有着红色的头发和雀斑,但她是一个可爱的女子"。阿贝尔希望肯普和基尔豪能在他死后结为夫妻。肯普和基尔豪在阿贝尔死后结了婚,以此来表示对阿贝尔的忠诚。直到最后,肯普始终坚持不要别人帮忙,自己照顾阿贝尔到最后的时刻。就像歌中唱到的那样:"这就是爱,她忘记了人们的苦痛。"

就在阿贝尔健康状况不断恶化的过程中,他仍然没有忘记作为一个天才应该做的事,那就是给人间留下更多的成果,为后人在黑暗中的摸索点亮一盏指路的明灯。他支撑起单薄的病体,废寝忘食地写着几篇新文章。1828 年他和未婚妻一起度假,在与家人共庆圣诞的时候,他发起了高烧,觉得自己的日子已屈指可数。他最担心的事就是提交给法国科学院的论文以后会遗失,因此他写了一个短文,其中,他给出了一个主要定理的证明。

尾声　永恒的纪念碑

1829年,当春天来临的时候,阿贝尔预感到自己活不长了。咯血现象越来越严重,而且在更多的时候,阿贝尔已无法再工作,精疲力竭消耗了他的强大意志,他就像一只夕阳残照下病弱的老鹰,随时都可能死掉。阿贝尔也试图不去考虑死亡所带来的后果,但这种努力并没有产生多大效果,相反,恐惧感却在心中加剧。这并不是说阿贝尔多么畏惧死亡,其实,只要是人,在真正面对死亡时也多少会有点惊慌。谁不留恋这美好世界,谁不想好好过完这短暂的一生,但死亡的来临并不因为你的年轻而有丝毫的仁慈。阿贝尔自然希望自己能长命百岁,但事已至此,他又有什么办法呢?现在他恐惧是因为万一他离去了,他的母亲、哥哥和弟弟妹妹的生活将由谁来承担,还有未婚妻的未来怎么办?这才是阿贝尔临死前最为担心的事,也是他对死所产生恐惧的真正缘由。阿贝尔知道自己没有几天了。

此时,远在柏林的克雷尔正在为挚友阿贝尔四处奔走,指望能够找到一份适合他的工作,克雷尔已经答应了阿贝尔,所以这事克雷尔一定要办到。同时,勒让德从"克雷尔杂志"上注意到了阿贝尔《关于椭圆函数的研究》等高水平的文章,感到自己的多年成果与这个年轻人相比,黯然失色,不无自谴地说:"我很满意地看到两个年轻数学家(其中另一个是指雅可比),如此成功地开辟了分析学的一个分支,这分支是我长期喜爱的领域,但在我国,它却没有得到重视。"勒让德得悉阿贝尔的处境后,立即上书瑞典国王和教育部长,力荐阿贝尔。人们的目光开始注意年轻的阿贝尔了。

然而这一切似乎来得太晚了。阿贝尔在他最后的时刻始终与他的未婚妻克雷利·肯普在一起,而肯普直到最后也坚持不要别人帮忙,自己照顾阿贝尔,单独享有这凄美的时刻。1829 年 4 月 6 日凌晨,了却了所有的心事后,阿贝尔安然地离开了这个他深爱着的世界,终年不足 27 岁。阿贝尔去世两天后,克雷尔来信通知他,说他的游说终于成功了,柏林大学已任命他为数学教授。克雷尔没想到他将再也见不到阿贝尔了,他本满心期待阿贝尔收到信后能及时来到柏林。又过了几天,瑞典方面的大学教授聘书也寄到了挪威。可是,所有的这一切都晚了,太晚了。这也是常使后世数学家为之扼腕叹息的事情。又过了一段时间,雅可比在阿贝尔一篇论文的附言中看到,阿贝尔在1826年曾给法国科学院寄过一篇有关推广欧拉椭圆积分的论文。雅可比具有非常客观的头脑,他宽宏大量,一点猜疑或嫉妒也没有。雅可比称赞阿贝尔的论文说:"它高于我的赞扬,就像它高于我自己的工作。"

雅可比到法国终于在柯西那里找到了这份手稿,并发现这是阿贝尔在数学上最重要的文献之一,便再三催促法国科学院尽快发表。法国科学院的当权者大梦初醒,急忙去找阿贝尔的那份论文。这篇论文一直拖到1841年,即阿贝尔投稿十五年之后,才在社会舆论的压力下发表了。可是,更加令人费解的是,在排完字后原稿竟不翼而飞了。

原来,这份手稿被一个原籍意大利的法国数学家李柏瑞偷走了。李柏瑞是一个自封的数学家,这篇论文的整个印刷过程他都在场,他“在科学院的许可下”,给论文加上了一个自命不凡的脚注,承认已故的阿贝尔是天才。这是最后一根稻草:科学院可以公布全部事实,或者保持沉默。但是无论如何,必须维护一个神气十足的小人的荣誉和尊严。亏李柏瑞还是堂堂法国科学院的成员和巴黎大学的教授哩!他不仅盗走了阿贝尔的三份重要文献,还盗卖过许多法国文物。直到一百多年后的1952年,才在意大利的佛罗伦萨找到了阿贝尔的这份珍贵手稿。

阿贝尔的悲剧是过眼云烟,但阿贝尔短暂的一生却在数学史上留下了光辉的篇章。数学中以他的名字命名的有:阿贝尔群、阿贝尔变换、阿贝尔求和法、阿贝尔函数、阿贝尔范畴、阿贝尔扩张、阿贝尔定理、阿贝尔遍历定理、阿贝尔连续性定理、阿贝尔方程、阿贝尔积分方程、阿贝尔微分、阿贝尔积分、阿贝尔射影算子、阿贝尔问题……

重新追忆阿贝尔的历史,我们发现阿贝尔生在重建宗教和政治的阵痛战火的欧洲,旧秩序正在迅速地消亡,新秩序尚未建立起来时期。中世纪掠夺成性的贵族、国王和皇家子弟繁衍出大群的统治者,他们有着公开抢劫的盗贼式的政治理论，而且大多数只有马厩小厮的智慧。只要我的臂膀强壮有力，能够把你的东西抢过来，那么即便公理认为是你的东西也可以是我的。这大概就是欧洲历史上称为文艺复兴后期的那个辉煌时期的一幅准确的画像。

在阿贝尔的时代，掠夺性的战争之上还沉积着大量的宗教的偏执和不容异端，这种偏执孵化出了更多的战争，并使公正（不带偏狭的）的科学研究变成非常危险的工作。而在这一切之上，还得加上对基本卫生常识的普遍无知。从卫生的角度看，富人的公馆像在愚昧中挣扎的穷人的贫民窟一样污浊，一再发生的瘟疫完全不顾人口状况，加上一次次的战争，把有生育能力的人口减少到了不能再少的限度。然而，阿贝尔所处的时代确实是斑斑驳驳的文明史上最伟大的智力时期之一。阿贝尔恰恰是在这样的时代里开创了自己的时代。

如果有人试图给阿贝尔一个充分、全面的公开评价，他就得运用他可能具有的全部才能，对此做出辨别。这并非由于我们对 19 世纪的人更为亲近，而是由于全世界（在专业数学家中）都知道的事实：

19 世纪,延续到 20 世纪,过去是,现在仍然是数学史上最伟大的时代。

对于任何科学的进步,发明者和完善者都是必要的。每一个探索者,除了他的“侦察兵”以外,还必须有追随者,用他们去告知世界他发现了些什么。但是对人类的大多数来说,公正与否无关紧要。首先指出新途径的探索者更引人注目,即使他本人只向前蹒跚地跨出了半步。幸而历史是公正的,阿贝尔虽不是数学上的开拓者,却是无可匹敌的发展者。

然而,数学本身就像一个巨大的墓地,不断添进需要永久纪念的新死者。对这些后来者,如同对五千年前为永久纪念而安葬在里面的少数死者一样,必须这样展示,以使他们似乎仍保持着生前充沛的活力。事实上,必须造就这样的幻觉:他们的生命从来也没有终止。这种假象必须十分自然,甚至挖掘这一陵墓的最多疑的考古学家也会为之感动。而活着的数学家们一直宣称:数学是不朽的,不可磨灭的,昨天如此,今天如此,永远如此,它们是形成永恒真理的真正材料,是人类的生死和衰退的循环往复背后瞥见的永恒。事实可能确实如此,许多人,特别是老一代的数学家们正是如此认为。阿贝尔的数学发现至今对现代工作仍然保持着它们的生命力和重大价值。

伯特兰·罗素曾说过:“正确的看法是,数学不仅拥有真理,而且拥有非凡的美——一种像雕塑那样冷峻而严厉的美,一种不为我们软弱的天性所动的美,一种不具有绘画和音乐那样富丽堂皇的装饰的美,是极其纯净的美,是唯有最伟大的艺术才具有的严格的完美。”在许多人看来,阿贝尔似乎把生命耗费在对一种美的自私的追求上,而这种美在他的同胞们的生活中没有直接的反映,那么他可以重复庞加莱的话“为数学而数学”,虽然人们为这个公式所震惊,但是它恰如为活着而活着一样,即使活着只是受难。

为了能够领悟一千八百年以来发展起来的,至今仍然使数学家们感兴趣的数学,并进行创造性的工作,没有必要去懂得——甚至听说——许多在数学的漫长历史进程中出现的经典数学内容。例如,今天任何想要领悟现代几何的人,无须去掌握希腊人的圆锥曲线的几何处理;同样的情况对分析学也一样,在分析学中所用的这样的几何语言是最简单的。举最后一个例子,对于画图的工程师们用处很大的画法几何,实际上对于从事研究工作的数学家用处也不大。一些仍然是数学上敏感的、相当困难的科目,只需要中学代数知识和能够领悟它们的清楚的头脑。这些科目包括有限群理论、无限的数学理论、概率理论的一部分和高等数学。阿贝尔在对数学的研究工作中也正是做了自己应该做的事,然而正是阿贝尔辛勤地付出才让后代人少走了许多弯路,少花些时间去学没有必要耗费精力的数学知识。跟许多大师们一样,阿贝尔赢得了后人的尊敬。

今天,数学发明(要是你愿意的话,也可以说发现)比以往更有力地前进着。显然,唯一能阻止它前进的,是我们乐于称之为文明的事物的总崩溃。如果那一天来到,数学就会如它在巴比伦衰落后那样,一连许多个世纪潜入地下,但是如人们所说,历史本身会再现,那么我们可以肯定,在我们和我们的一切愚钝早已被忘却以后,春天必将再度降临天地,比以往任何时候更为清闲、洁净。阿贝尔有一句名言:“一个人如果要在数学上有所进步,他必须向大师们学习。”正因为数学界有了更多像阿贝尔这样不断奋进的年轻人，数学界的春天才会愈发迷人，愈发绚丽。

在阿贝尔死后一年，法国科学院把数学大奖颁发给了阿贝尔和雅可比。阿贝尔在他死后得到了他应该得到的一切。如果阿贝尔一生的经历没有给他的辉煌成就添加什么光彩，那至少暗示当他去世时世界将失去什么。这是一个有点令人沮丧的经历。阿贝尔在贫穷的压力下，在缺乏当代数学名家鼓励的情况下，只有他那抑制不住的愉快和顽强的勇气，使这个经历稍微轻松了一些。但阿贝尔毕竟完成了现代数学的一项登峰造极的成就，留给了未来的数学家们足够忙五百年的问题。阿贝尔在他的所有著作里都打下了天才的烙印，表现出了不起的思维能力。我们可以说他能够穿透障碍深入问题的根底，具有似乎是无坚不摧的气势……阿贝尔又以品格纯朴高尚以及罕见的谦逊精神而出众，使他的人品也像他的天才那样受到不同寻常的爱戴。人们将永远怀念年轻的阿贝尔。正如柯西所言：“人总是要死的，但他们的业绩应该永存。”

最后，让我们以贺拉斯《颂歌》中的一段来结束对阿贝尔不幸的一生的追忆吧！

“我已经完成了一座比青铜更耐久，比国王们建立的金字塔更高大的纪念碑，不断侵蚀的淫雨和不受管束的北风都不能把它损毁，岁月无尽的延续和年代的飞逝也不能使它倾颓。我将不会死亡，我的大部分会逃脱死神，我将永生，仍然活在后代的赞美声中。”

刘培杰数学工作室
已出版(即将出版)图书目录——初等数学

书　　名	出版时间	定　价	编号
新编中学数学解题方法全书(高中版)上卷	2007－09	38.00	7
新编中学数学解题方法全书(高中版)中卷	2007－09	48.00	8
新编中学数学解题方法全书(高中版)下卷(一)	2007－09	42.00	17
新编中学数学解题方法全书(高中版)下卷(二)	2007－09	38.00	18
新编中学数学解题方法全书(高中版)下卷(三)	2010－06	58.00	73
新编中学数学解题方法全书(初中版)上卷	2008－01	28.00	29
新编中学数学解题方法全书(初中版)中卷	2010－07	38.00	75
新编中学数学解题方法全书(高考复习卷)	2010－01	48.00	67
新编中学数学解题方法全书(高考真题卷)	2010－01	38.00	62
新编中学数学解题方法全书(高考精华卷)	2011－03	68.00	118
新编平面解析几何解题方法全书(专题讲座卷)	2010－01	18.00	61
新编中学数学解题方法全书(自主招生卷)	2013－08	88.00	261
数学奥林匹克与数学文化(第一辑)	2006－05	48.00	4
数学奥林匹克与数学文化(第二辑)(竞赛卷)	2008－01	48.00	19
数学奥林匹克与数学文化(第二辑)(文化卷)	2008－07	58.00	36′
数学奥林匹克与数学文化(第三辑)(竞赛卷)	2010－01	48.00	59
数学奥林匹克与数学文化(第四辑)(竞赛卷)	2011－08	58.00	87
数学奥林匹克与数学文化(第五辑)	2015－06	98.00	370
世界著名平面几何经典著作钩沉——几何作图专题卷(上)	2009－06	48.00	49
世界著名平面几何经典著作钩沉——几何作图专题卷(下)	2011－01	88.00	80
世界著名平面几何经典著作钩沉(民国平面几何老课本)	2011－03	38.00	113
世界著名平面几何经典著作钩沉(建国初期平面三角老课本)	2015－08	38.00	507
世界著名解析几何经典著作钩沉——平面解析几何卷	2014－01	38.00	264
世界著名数论经典著作钩沉(算术卷)	2012－01	28.00	125
世界著名数学经典著作钩沉——立体几何卷	2011－02	28.00	88
世界著名三角学经典著作钩沉(平面三角卷Ⅰ)	2010－06	28.00	69
世界著名三角学经典著作钩沉(平面三角卷Ⅱ)	2011－01	38.00	78
世界著名初等数论经典著作钩沉(理论和实用算术卷)	2011－07	38.00	126
发展你的空间想象力	2017－06	38.00	785
走向国际数学奥林匹克的平面几何试题诠释(上、下)(第1版)	2007－01	68.00	11,12
走向国际数学奥林匹克的平面几何试题诠释(上、下)(第2版)	2010－02	98.00	63,64
平面几何证明方法全书	2007－08	35.00	1
平面几何证明方法全书习题解答(第1版)	2005－10	18.00	2
平面几何证明方法全书习题解答(第2版)	2006－12	18.00	10
平面几何天天练上卷·基础篇(直线型)	2013－01	58.00	208
平面几何天天练中卷·基础篇(涉及圆)	2013－01	28.00	234
平面几何天天练下卷·提高篇	2013－01	58.00	237
平面几何专题研究	2013－07	98.00	258

刘培杰数学工作室
已出版(即将出版)图书目录——初等数学

书　　名	出版时间	定　价	编号
最新世界各国数学奥林匹克中的平面几何试题	2007－09	38.00	14
数学竞赛平面几何典型题及新颖解	2010－07	48.00	74
初等数学复习及研究(平面几何)	2008－09	58.00	38
初等数学复习及研究(立体几何)	2010－06	38.00	71
初等数学复习及研究(平面几何)习题解答	2009－01	48.00	42
几何学教程(平面几何卷)	2011－03	68.00	90
几何学教程(立体几何卷)	2011－07	68.00	130
几何变换与几何证题	2010－06	88.00	70
计算方法与几何证题	2011－06	28.00	129
立体几何技巧与方法	2014－04	88.00	293
几何瑰宝——平面几何 500 名题暨 1000 条定理(上、下)	2010－07	138.00	76,77
三角形的解法与应用	2012－07	18.00	183
近代的三角形几何学	2012－07	48.00	184
一般折线几何学	2015－08	48.00	503
三角形的五心	2009－06	28.00	51
三角形的六心及其应用	2015－10	68.00	542
三角形趣谈	2012－08	28.00	212
解三角形	2014－01	28.00	265
三角学专门教程	2014－09	28.00	387
图天下几何新题试卷.初中(第 2 版)	2017－11	58.00	855
圆锥曲线习题集(上册)	2013－06	68.00	255
圆锥曲线习题集(中册)	2015－01	78.00	434
圆锥曲线习题集(下册·第 1 卷)	2016－10	78.00	683
圆锥曲线习题集(下册·第 2 卷)	2018－01	98.00	853
论九点圆	2015－05	88.00	645
近代欧氏几何学	2012－03	48.00	162
罗巴切夫斯基几何学及几何基础概要	2012－07	28.00	188
罗巴切夫斯基几何学初步	2015－06	28.00	474
用三角、解析几何、复数、向量计算解数学竞赛几何题	2015－03	48.00	455
美国中学几何教程	2015－04	88.00	458
三线坐标与三角形特征点	2015－04	98.00	460
平面解析几何方法与研究(第 1 卷)	2015－05	18.00	471
平面解析几何方法与研究(第 2 卷)	2015－06	18.00	472
平面解析几何方法与研究(第 3 卷)	2015－07	18.00	473
解析几何研究	2015－01	38.00	425
解析几何学教程.上	2016－01	38.00	574
解析几何学教程.下	2016－01	38.00	575
几何学基础	2016－01	58.00	581
初等几何研究	2015－02	58.00	444
十九和二十世纪欧氏几何学中的片段	2017－01	58.00	696
平面几何中考.高考.奥数一本通	2017－07	28.00	820
几何学简史	2017－08	28.00	833
四面体	2018－01	48.00	880

刘培杰数学工作室
已出版(即将出版)图书目录——初等数学

书　　名	出版时间	定　价	编号
俄罗斯平面几何问题集	2009-08	88.00	55
俄罗斯立体几何问题集	2014-03	58.00	283
俄罗斯几何大师——沙雷金论数学及其他	2014-01	48.00	271
来自俄罗斯的 5000 道几何习题及解答	2011-03	58.00	89
俄罗斯初等数学问题集	2012-05	38.00	177
俄罗斯函数问题集	2011-03	38.00	103
俄罗斯组合分析问题集	2011-01	48.00	79
俄罗斯初等数学万题选——三角卷	2012-11	38.00	222
俄罗斯初等数学万题选——代数卷	2013-08	68.00	225
俄罗斯初等数学万题选——几何卷	2014-01	68.00	226
463 个俄罗斯几何老问题	2012-01	28.00	152
谈谈素数	2011-03	18.00	91
平方和	2011-03	18.00	92
整数论	2011-05	38.00	120
从整数谈起	2015-10	28.00	538
数与多项式	2016-01	38.00	558
谈谈不定方程	2011-05	28.00	119
解析不等式新论	2009-06	68.00	48
建立不等式的方法	2011-03	98.00	104
数学奥林匹克不等式研究	2009-08	68.00	56
不等式研究(第二辑)	2012-02	68.00	153
不等式的秘密(第一卷)	2012-02	28.00	154
不等式的秘密(第一卷)(第 2 版)	2014-02	38.00	286
不等式的秘密(第二卷)	2014-01	38.00	268
初等不等式的证明方法	2010-06	38.00	123
初等不等式的证明方法(第二版)	2014-11	38.00	407
不等式·理论·方法(基础卷)	2015-07	38.00	496
不等式·理论·方法(经典不等式卷)	2015-07	38.00	497
不等式·理论·方法(特殊类型不等式卷)	2015-07	48.00	498
不等式探究	2016-03	38.00	582
不等式探秘	2017-01	88.00	689
四面体不等式	2017-01	68.00	715
数学奥林匹克中常见重要不等式	2017-09	38.00	845
同余理论	2012-05	38.00	163
[x]与{x}	2015-04	48.00	476
极值与最值. 上卷	2015-06	28.00	486
极值与最值. 中卷	2015-06	38.00	487
极值与最值. 下卷	2015-06	28.00	488
整数的性质	2012-11	38.00	192
完全平方数及其应用	2015-08	78.00	506
多项式理论	2015-10	88.00	541
奇数、偶数、奇偶分析法	2018-01	98.00	876

刘培杰数学工作室

已出版(即将出版)图书目录——初等数学

书　　名	出版时间	定　价	编号
历届美国中学生数学竞赛试题及解答(第一卷)1950—1954	2014—07	18.00	277
历届美国中学生数学竞赛试题及解答(第二卷)1955—1959	2014—04	18.00	278
历届美国中学生数学竞赛试题及解答(第三卷)1960—1964	2014—06	18.00	279
历届美国中学生数学竞赛试题及解答(第四卷)1965—1969	2014—04	28.00	280
历届美国中学生数学竞赛试题及解答(第五卷)1970—1972	2014—06	18.00	281
历届美国中学生数学竞赛试题及解答(第六卷)1973—1980	2017—07	18.00	768
历届美国中学生数学竞赛试题及解答(第七卷)1981—1986	2015—01	18.00	424
历届美国中学生数学竞赛试题及解答(第八卷)1987—1990	2017—05	18.00	769
历届 IMO 试题集(1959—2005)	2006—05	58.00	5
历届 CMO 试题集	2008—09	28.00	40
历届中国数学奥林匹克试题集(第 2 版)	2017—03	38.00	757
历届加拿大数学奥林匹克试题集	2012—08	38.00	215
历届美国数学奥林匹克试题集:多解推广加强	2012—08	38.00	209
历届美国数学奥林匹克试题集:多解推广加强(第 2 版)	2016—03	48.00	592
历届波兰数学竞赛试题集. 第 1 卷,1949～1963	2015—03	18.00	453
历届波兰数学竞赛试题集. 第 2 卷,1964～1976	2015—03	18.00	454
历届巴尔干数学奥林匹克试题集	2015—05	38.00	466
保加利亚数学奥林匹克	2014—10	38.00	393
圣彼得堡数学奥林匹克试题集	2015—01	38.00	429
匈牙利奥林匹克数学竞赛题解. 第 1 卷	2016—05	28.00	593
匈牙利奥林匹克数学竞赛题解. 第 2 卷	2016—05	28.00	594
历届美国数学邀请赛试题集(第 2 版)	2017—10	78.00	851
全国高中数学竞赛试题及解答. 第 1 卷	2014—07	38.00	331
普林斯顿大学数学竞赛	2016—06	38.00	669
亚太地区数学奥林匹克竞赛题	2015—07	18.00	492
日本历届(初级)广中杯数学竞赛试题及解答. 第 1 卷(2000～2007)	2016—05	28.00	641
日本历届(初级)广中杯数学竞赛试题及解答. 第 2 卷(2008～2015)	2016—05	38.00	642
360 个数学竞赛问题	2016—08	58.00	677
奥数最佳实战题. 上卷	2017—06	38.00	760
奥数最佳实战题. 下卷	2017—05	58.00	761
哈尔滨市早期中学数学竞赛试题汇编	2016—07	28.00	672
全国高中数学联赛试题及解答:1981—2015	2016—08	98.00	676
20 世纪 50 年代全国部分城市数学竞赛试题汇编	2017—07	28.00	797
高中数学竞赛培训教程:整除与同余以及不定方程	2018—01	88.00	869
高考数学临门一脚(含密押三套卷)(理科版)	2017—01	45.00	743
高考数学临门一脚(含密押三套卷)(文科版)	2017—01	45.00	744
新课标高考数学题型全归纳(文科版)	2015—05	72.00	467
新课标高考数学题型全归纳(理科版)	2015—05	82.00	468
洞穿高考数学解答题核心考点(理科版)	2015—11	49.80	550
洞穿高考数学解答题核心考点(文科版)	2015—11	46.80	551

刘培杰数学工作室
已出版(即将出版)图书目录——初等数学

书　　名	出版时间	定　价	编号
高考数学题型全归纳:文科版.上	2016-05	53.00	663
高考数学题型全归纳:文科版.下	2016-05	53.00	664
高考数学题型全归纳:理科版.上	2016-05	58.00	665
高考数学题型全归纳:理科版.下	2016-05	58.00	666
王连笑教你怎样学数学:高考选择题解题策略与客观题实用训练	2014-01	48.00	262
王连笑教你怎样学数学:高考数学高层次讲座	2015-02	48.00	432
高考数学的理论与实践	2009-08	38.00	53
高考数学核心题型解题方法与技巧	2010-01	28.00	86
高考思维新平台	2014-03	38.00	259
30分钟拿下高考数学选择题、填空题(理科版)	2016-10	39.80	720
30分钟拿下高考数学选择题、填空题(文科版)	2016-10	39.80	721
高考数学压轴题解题诀窍(上)(第2版)	2018-01	58.00	874
高考数学压轴题解题诀窍(下)(第2版)	2018-01	48.00	875
北京市五区文科数学三年高考模拟题详解:2013～2015	2015-08	48.00	500
北京市五区理科数学三年高考模拟题详解:2013～2015	2015-09	68.00	505
向量法巧解数学高考题	2009-08	28.00	54
高考数学万能解题法(第2版)	即将出版	38.00	691
高考物理万能解题法(第2版)	即将出版	38.00	692
高考化学万能解题法(第2版)	即将出版	28.00	693
高考生物万能解题法(第2版)	即将出版	28.00	694
高考数学解题金典(第2版)	2017-01	78.00	716
高考物理解题金典(第2版)	即将出版	68.00	717
高考化学解题金典(第2版)	即将出版	58.00	718
我一定要赚分:高中物理	2016-01	38.00	580
数学高考参考	2016-01	78.00	589
2011～2015年全国及各省市高考数学文科精品试题审题要津与解法研究	2015-10	68.00	539
2011～2015年全国及各省市高考数学理科精品试题审题要津与解法研究	2015-10	88.00	540
最新全国及各省市高考数学试卷解法研究及点拨评析	2009-02	38.00	41
2011年全国及各省市高考数学试题审题要津与解法研究	2011-10	48.00	139
2013年全国及各省市高考数学试题解析与点评	2014-01	48.00	282
全国及各省市高考数学试题审题要津与解法研究	2015-02	48.00	450
新课标高考数学——五年试题分章详解(2007～2011)(上、下)	2011-10	78.00	140,141
全国中考数学压轴题审题要津与解法研究	2013-04	78.00	248
新编全国及各省市中考数学压轴题审题要津与解法研究	2014-05	58.00	342
全国及各省市5年中考数学压轴题审题要津与解法研究(2015版)	2015-04	58.00	462
中考数学专题总复习	2007-04	28.00	6
中考数学较难题、难题常考题型解题方法与技巧.上	2016-01	48.00	584
中考数学较难题、难题常考题型解题方法与技巧.下	2016-01	58.00	585
中考数学较难题常考题型解题方法与技巧	2016-09	48.00	681
中考数学难题常考题型解题方法与技巧	2016-09	48.00	682

刘培杰数学工作室
已出版(即将出版)图书目录——初等数学

书　　名	出版时间	定　价	编号
中考数学选择填空压轴好题妙解 365	2017－05	38.00	759
中考数学小压轴汇编初讲	2017－07	48.00	788
中考数学大压轴专题微言	2017－09	48.00	846
北京中考数学压轴题解题方法突破(第 3 版)	2017－11	48.00	854
助你高考成功的数学解题智慧:知识是智慧的基础	2016－01	58.00	596
助你高考成功的数学解题智慧:错误是智慧的试金石	2016－04	58.00	643
助你高考成功的数学解题智慧:方法是智慧的推手	2016－04	68.00	657
高考数学奇思妙解	2016－04	38.00	610
高考数学解题策略	2016－05	48.00	670
数学解题泄天机(第 2 版)	2017－10	48.00	850
高考物理压轴题全解	2017－04	48.00	746
高中物理经典问题 25 讲	2017－05	28.00	764
高中物理教学讲义	2018－01	48.00	871
2016 年高考文科数学真题研究	2017－04	58.00	754
2016 年高考理科数学真题研究	2017－04	78.00	755
初中数学、高中数学脱节知识补缺教材	2017－06	48.00	766
高考数学小题抢分必练	2017－10	48.00	834
高考数学核心素养解读	2017－09	38.00	839
高考数学客观题解题方法和技巧	2017－10	38.00	847
十年高考数学精品试题审题要津与解法研究.上卷	2018－01	68.00	872
十年高考数学精品试题审题要津与解法研究.下卷	2018－01	58.00	873
中国历届高考数学试题及解答.1949－1979	2018－01	38.00	877

新编 640 个世界著名数学智力趣题	2014－01	88.00	242
500 个最新世界著名数学智力趣题	2008－06	48.00	3
400 个最新世界著名数学最值问题	2008－09	48.00	36
500 个世界著名数学征解问题	2009－06	48.00	52
400 个中国最佳初等数学征解老问题	2010－01	48.00	60
500 个俄罗斯数学经典老题	2011－01	28.00	81
1000 个国外中学物理好题	2012－04	48.00	174
300 个日本高考数学题	2012－05	38.00	142
700 个早期日本高考数学试题	2017－02	88.00	752
500 个前苏联早期高考数学试题及解答	2012－05	28.00	185
546 个早期俄罗斯大学生数学竞赛题	2014－03	38.00	285
548 个来自美苏的数学好问题	2014－11	28.00	396
20 所苏联著名大学早期入学试题	2015－02	18.00	452
161 道德国工科大学生必做的微分方程习题	2015－05	28.00	469
500 个德国工科大学生必做的高数习题	2015－06	28.00	478
360 个数学竞赛问题	2016－08	58.00	677
德国讲义日本考题.微积分卷	2015－04	48.00	456
德国讲义日本考题.微分方程卷	2015－04	38.00	457
二十世纪中叶中、英、美、日、法、俄高考数学试题精选	2017－06	38.00	783

刘培杰数学工作室
已出版(即将出版)图书目录——初等数学

书　名	出版时间	定 价	编号
中国初等数学研究　2009 卷(第 1 辑)	2009－05	20.00	45
中国初等数学研究　2010 卷(第 2 辑)	2010－05	30.00	68
中国初等数学研究　2011 卷(第 3 辑)	2011－07	60.00	127
中国初等数学研究　2012 卷(第 4 辑)	2012－07	48.00	190
中国初等数学研究　2014 卷(第 5 辑)	2014－02	48.00	288
中国初等数学研究　2015 卷(第 6 辑)	2015－06	68.00	493
中国初等数学研究　2016 卷(第 7 辑)	2016－04	68.00	609
中国初等数学研究　2017 卷(第 8 辑)	2017－01	98.00	712
几何变换(Ⅰ)	2014－07	28.00	353
几何变换(Ⅱ)	2015－06	28.00	354
几何变换(Ⅲ)	2015－01	38.00	355
几何变换(Ⅳ)	2015－12	38.00	356
初等数论难题集(第一卷)	2009－05	68.00	44
初等数论难题集(第二卷)(上、下)	2011－02	128.00	82,83
数论概貌	2011－03	18.00	93
代数数论(第二版)	2013－08	58.00	94
代数多项式	2014－06	38.00	289
初等数论的知识与问题	2011－02	28.00	95
超越数论基础	2011－03	28.00	96
数论初等教程	2011－03	28.00	97
数论基础	2011－03	18.00	98
数论基础与维诺格拉多夫	2014－03	18.00	292
解析数论基础	2012－08	28.00	216
解析数论基础(第二版)	2014－01	48.00	287
解析数论问题集(第二版)(原版引进)	2014－05	88.00	343
解析数论问题集(第二版)(中译本)	2016－04	88.00	607
解析数论基础(潘承洞,潘承彪著)	2016－07	98.00	673
解析数论导引	2016－07	58.00	674
数论入门	2011－03	38.00	99
代数数论入门	2015－03	38.00	448
数论开篇	2012－07	28.00	194
解析数论引论	2011－03	48.00	100
Barban Davenport Halberstam 均值和	2009－01	40.00	33
基础数论	2011－03	28.00	101
初等数论 100 例	2011－05	18.00	122
初等数论经典例题	2012－07	18.00	204
最新世界各国数学奥林匹克中的初等数论试题(上、下)	2012－01	138.00	144,145
初等数论(Ⅰ)	2012－01	18.00	156
初等数论(Ⅱ)	2012－01	18.00	157
初等数论(Ⅲ)	2012－01	28.00	158

刘培杰数学工作室
已出版(即将出版)图书目录——初等数学

书　名	出版时间	定　价	编号
平面几何与数论中未解决的新老问题	2013－01	68.00	229
代数数论简史	2014－11	28.00	408
代数数论	2015－09	88.00	532
代数、数论及分析习题集	2016－11	98.00	695
数论导引提要及习题解答	2016－01	48.00	559
素数定理的初等证明．第2版	2016－09	48.00	686
数论中的模函数与狄利克雷级数(第二版)	2017－11	78.00	837
数论:数学导引	2018－01	68.00	849
数学眼光透视(第2版)	2017－06	78.00	732
数学思想领悟(第2版)	2018－01	68.00	733
数学应用展观(第2版)	2017－08	68.00	737
数学建模导引	2008－01	28.00	23
数学方法溯源	2008－01	38.00	27
数学史话览胜(第2版)	2017－01	48.00	736
数学思维技术	2013－09	38.00	260
数学解题引论	2017－05	48.00	735
数学竞赛采风	2018－01	68.00	739
从毕达哥拉斯到怀尔斯	2007－10	48.00	9
从迪利克雷到维斯卡尔迪	2008－01	48.00	21
从哥德巴赫到陈景润	2008－05	98.00	35
从庞加莱到佩雷尔曼	2011－08	138.00	136
博弈论精粹	2008－03	58.00	30
博弈论精粹．第二版(精装)	2015－01	88.00	461
数学 我爱你	2008－01	28.00	20
精神的圣徒　别样的人生——60位中国数学家成长的历程	2008－09	48.00	39
数学史概论	2009－06	78.00	50
数学史概论(精装)	2013－03	158.00	272
数学史选讲	2016－01	48.00	544
斐波那契数列	2010－02	28.00	65
数学拼盘和斐波那契魔方	2010－07	38.00	72
斐波那契数列欣赏	2011－01	28.00	160
数学的创造	2011－02	48.00	85
数学美与创造力	2016－01	48.00	595
数海拾贝	2016－01	48.00	590
数学中的美	2011－02	38.00	84
数论中的美学	2014－12	38.00	351

刘培杰数学工作室
已出版(即将出版)图书目录——初等数学

书　　名	出版时间	定　价	编号
数学王者　科学巨人——高斯	2015－01	28.00	428
振兴祖国数学的圆梦之旅:中国初等数学研究史话	2015－06	98.00	490
二十世纪中国数学史料研究	2015－10	48.00	536
数字谜、数阵图与棋盘覆盖	2016－01	58.00	298
时间的形状	2016－01	38.00	556
数学发现的艺术:数学探索中的合情推理	2016－07	58.00	671
活跃在数学中的参数	2016－07	48.00	675
数学解题——靠数学思想给力(上)	2011－07	38.00	131
数学解题——靠数学思想给力(中)	2011－07	48.00	132
数学解题——靠数学思想给力(下)	2011－07	38.00	133
我怎样解题	2013－01	48.00	227
数学解题中的物理方法	2011－06	28.00	114
数学解题的特殊方法	2011－06	48.00	115
中学数学计算技巧	2012－01	48.00	116
中学数学证明方法	2012－01	58.00	117
数学趣题巧解	2012－03	28.00	128
高中数学教学通鉴	2015－05	58.00	479
和高中生漫谈:数学与哲学的故事	2014－08	28.00	369
算术问题集	2017－03	38.00	789
自主招生考试中的参数方程问题	2015－01	28.00	435
自主招生考试中的极坐标问题	2015－04	28.00	463
近年全国重点大学自主招生数学试题全解及研究.华约卷	2015－02	38.00	441
近年全国重点大学自主招生数学试题全解及研究.北约卷	2016－05	38.00	619
自主招生数学解证宝典	2015－09	48.00	535
格点和面积	2012－07	18.00	191
射影几何趣谈	2012－04	28.00	175
斯潘纳尔引理——从一道加拿大数学奥林匹克试题谈起	2014－01	28.00	228
李普希兹条件——从几道近年高考数学试题谈起	2012－10	18.00	221
拉格朗日中值定理——从一道北京高考试题的解法谈起	2015－10	18.00	197
闵科夫斯基定理——从一道清华大学自主招生试题谈起	2014－01	28.00	198
哈尔测度——从一道冬令营试题的背景谈起	2012－08	28.00	202
切比雪夫逼近问题——从一道中国台北数学奥林匹克试题谈起	2013－04	38.00	238
伯恩斯坦多项式与贝齐尔曲面——从一道全国高中数学联赛试题谈起	2013－03	38.00	236
卡塔兰猜想——从一道普特南竞赛试题谈起	2013－06	18.00	256
麦卡锡函数和阿克曼函数——从一道前南斯拉夫数学奥林匹克试题谈起	2012－08	18.00	201
贝蒂定理与拉姆贝克莫斯尔定理——从一个拣石子游戏谈起	2012－08	18.00	217
皮亚诺曲线和豪斯道夫分球定理——从无限集谈起	2012－08	18.00	211
平面凸图形与凸多面体	2012－10	28.00	218
斯坦因豪斯问题——从一道二十五省市自治区中学数学竞赛试题谈起	2012－07	18.00	196

刘培杰数学工作室
已出版(即将出版)图书目录——初等数学

书　名	出版时间	定　价	编号
纽结理论中的亚历山大多项式与琼斯多项式——从一道北京市高一数学竞赛试题谈起	2012—07	28.00	195
原则与策略——从波利亚“解题表”谈起	2013—04	38.00	244
转化与化归——从三大尺规作图不能问题谈起	2012—08	28.00	214
代数几何中的贝祖定理(第一版)——从一道 IMO 试题的解法谈起	2013—08	18.00	193
成功连贯理论与约当块理论——从一道比利时数学竞赛试题谈起	2012—04	18.00	180
素数判定与大数分解	2014—08	18.00	199
置换多项式及其应用	2012—10	18.00	220
椭圆函数与模函数——从一道美国加州大学洛杉矶分校(UCLA)博士资格考题谈起	2012—10	28.00	219
差分方程的拉格朗日方法——从一道 2011 年全国高考理科试题的解法谈起	2012—08	28.00	200
力学在几何中的一些应用	2013—01	38.00	240
高斯散度定理、斯托克斯定理和平面格林定理——从一道国际大学生数学竞赛试题谈起	即将出版		
康托洛维奇不等式——从一道全国高中联赛试题谈起	2013—03	28.00	337
西格尔引理——从一道第 18 届 IMO 试题的解法谈起	即将出版		
罗斯定理——从一道前苏联数学竞赛试题谈起	即将出版		
拉克斯定理和阿廷定理——从一道 IMO 试题的解法谈起	2014—01	58.00	246
毕卡大定理——从一道美国大学数学竞赛试题谈起	2014—07	18.00	350
贝齐尔曲线——从一道全国高中联赛试题谈起	即将出版		
拉格朗日乘子定理——从一道 2005 年全国高中联赛试题的高等数学解法谈起	2015—05	28.00	480
雅可比定理——从一道日本数学奥林匹克试题谈起	2013—04	48.00	249
李天岩一约克定理——从一道波兰数学竞赛试题谈起	2014—06	28.00	349
整系数多项式因式分解的一般方法——从克朗耐克算法谈起	即将出版		
布劳维不动点定理——从一道前苏联数学奥林匹克试题谈起	2014—01	38.00	273
伯恩赛德定理——从一道英国数学奥林匹克试题谈起	即将出版		
布查特一莫斯特定理——从一道上海市初中竞赛试题谈起	即将出版		
数论中的同余数问题——从一道普特南竞赛试题谈起	即将出版		
范·德蒙行列式——从一道美国数学奥林匹克试题谈起	即将出版		
中国剩余定理:总数法构建中国历史年表	2015—01	28.00	430
牛顿程序与方程求根——从一道全国高考试题解法谈起	即将出版		
库默尔定理——从一道 IMO 预选试题谈起	即将出版		
卢丁定理——从一道冬令营试题的解法谈起	即将出版		
沃斯滕霍姆定理——从一道 IMO 预选试题谈起	即将出版		
卡尔松不等式——从一道莫斯科数学奥林匹克试题谈起	即将出版		
信息论中的香农熵——从一道近年高考压轴题谈起	即将出版		
约当不等式——从一道希望杯竞赛试题谈起	即将出版		
拉比诺维奇定理	即将出版		
刘维尔定理——从一道《美国数学月刊》征解问题的解法谈起	即将出版		
卡塔兰恒等式与级数求和——从一道 IMO 试题的解法谈起	即将出版		
勒让德猜想与素数分布——从一道爱尔兰竞赛试题谈起	即将出版		
天平称重与信息论——从一道基辅市数学奥林匹克试题谈起	即将出版		
哈密尔顿一凯莱定理:从一道高中数学联赛试题的解法谈起	2014—09	18.00	376
艾思特曼定理——从一道 CMO 试题的解法谈起	即将出版		

刘培杰数学工作室

已出版(即将出版)图书目录——初等数学

书 名	出版时间	定 价	编号
一个爱尔特希问题——从一道西德数学奥林匹克试题谈起	即将出版		
有限群中的爱丁格尔问题——从一道北京市初中二年级数学竞赛试题谈起	即将出版		
贝克码与编码理论——从一道全国高中联赛试题谈起	即将出版		
帕斯卡三角形	2014—03	18.00	294
蒲丰投针问题——从 2009 年清华大学的一道自主招生试题谈起	2014—01	38.00	295
斯图姆定理——从一道"华约"自主招生试题的解法谈起	2014—01	18.00	296
许瓦兹引理——从一道加利福尼亚大学伯克利分校数学系博士生试题谈起	2014—08	18.00	297
拉姆塞定理——从王诗宬院士的一个问题谈起	2016—04	48.00	299
坐标法	2013—12	28.00	332
数论三角形	2014—04	38.00	341
毕克定理	2014—07	18.00	352
数林掠影	2014—09	48.00	389
我们周围的概率	2014—10	38.00	390
凸函数最值定理:从一道华约自主招生题的解法谈起	2014—10	28.00	391
易学与数学奥林匹克	2014—10	38.00	392
生物数学趣谈	2015—01	18.00	409
反演	2015—01	28.00	420
因式分解与圆锥曲线	2015—01	18.00	426
轨迹	2015—01	28.00	427
面积原理:从常庚哲命的一道 CMO 试题的积分解法谈起	2015—01	48.00	431
形形色色的不动点定理:从一道 28 届 IMO 试题谈起	2015—01	38.00	439
柯西函数方程:从一道上海交大自主招生的试题谈起	2015—02	28.00	440
三角恒等式	2015—02	28.00	442
无理性判定:从一道 2014 年"北约"自主招生试题谈起	2015—01	38.00	443
数学归纳法	2015—03	18.00	451
极端原理与解题	2015—04	28.00	464
法雷级数	2014—08	18.00	367
摆线族	2015—01	38.00	438
函数方程及其解法	2015—05	38.00	470
含参数的方程和不等式	2012—09	28.00	213
希尔伯特第十问题	2016—01	38.00	543
无穷小量的求和	2016—01	28.00	545
切比雪夫多项式:从一道清华大学金秋营试题谈起	2016—01	38.00	583
泽肯多夫定理	2016—03	38.00	599
代数等式证题法	2016—01	28.00	600
三角等式证题法	2016—01	28.00	601
吴大任教授藏书中的一个因式分解公式:从一道美国数学邀请赛试题的解法谈起	2016—06	28.00	656
易卦——类万物的数学模型	2017—08	68.00	838
"不可思议"的数与数系可持续发展	2018—01	38.00	878
最短线	2018—01	38.00	879
幻方和魔方(第一卷)	2012—05	68.00	173
尘封的经典——初等数学经典文献选读(第一卷)	2012—07	48.00	205
尘封的经典——初等数学经典文献选读(第二卷)	2012—07	38.00	206
初级方程式论	2011—03	28.00	106
初等数学研究(Ⅰ)	2008—09	68.00	37
初等数学研究(Ⅱ)(上、下)	2009—05	118.00	46,47

刘培杰数学工作室
已出版(即将出版)图书目录——初等数学

书　名	出版时间	定　价	编号
趣味初等方程妙题集锦	2014－09	48.00	388
趣味初等数论选美与欣赏	2015－02	48.00	445
耕读笔记(上卷):一位农民数学爱好者的初数探索	2015－04	28.00	459
耕读笔记(中卷):一位农民数学爱好者的初数探索	2015－05	28.00	483
耕读笔记(下卷):一位农民数学爱好者的初数探索	2015－05	28.00	484
几何不等式研究与欣赏.上卷	2016－01	88.00	547
几何不等式研究与欣赏.下卷	2016－01	48.00	552
初等数列研究与欣赏·上	2016－01	48.00	570
初等数列研究与欣赏·下	2016－01	48.00	571
趣味初等函数研究与欣赏.上	2016－09	48.00	684
趣味初等函数研究与欣赏.下	即将出版		685
火柴游戏	2016－05	38.00	612
智力解谜.第1卷	2017－07	38.00	613
智力解谜.第2卷	2017－07	38.00	614
故事智力	2016－07	48.00	615
名人们喜欢的智力问题	即将出版		616
数学大师的发现、创造与失误	2018－01	48.00	617
异曲同工	即将出版		618
数学的味道	2018－01	58.00	798
数贝偶拾——高考数学题研究	2014－04	28.00	274
数贝偶拾——初等数学研究	2014－04	38.00	275
数贝偶拾——奥数题研究	2014－04	48.00	276
钱昌本教你快乐学数学(上)	2011－12	48.00	155
钱昌本教你快乐学数学(下)	2012－03	58.00	171
集合、函数与方程	2014－01	28.00	300
数列与不等式	2014－01	38.00	301
三角与平面向量	2014－01	28.00	302
平面解析几何	2014－01	38.00	303
立体几何与组合	2014－01	28.00	304
极限与导数、数学归纳法	2014－01	38.00	305
趣味数学	2014－03	28.00	306
教材教法	2014－04	68.00	307
自主招生	2014－05	58.00	308
高考压轴题(上)	2015－01	48.00	309
高考压轴题(下)	2014－10	68.00	310
从费马到怀尔斯——费马大定理的历史	2013－10	198.00	Ⅰ
从庞加莱到佩雷尔曼——庞加莱猜想的历史	2013－10	298.00	Ⅱ
从切比雪夫到爱尔特希(上)——素数定理的初等证明	2013－07	48.00	Ⅲ
从切比雪夫到爱尔特希(下)——素数定理100年	2012－12	98.00	Ⅲ
从高斯到盖尔方特——二次域的高斯猜想	2013－10	198.00	Ⅳ
从库默尔到朗兰兹——朗兰兹猜想的历史	2014－01	98.00	Ⅴ
从比勃巴赫到德布朗斯——比勃巴赫猜想的历史	2014－02	298.00	Ⅵ
从麦比乌斯到陈省身——麦比乌斯变换与麦比乌斯带	2014－02	298.00	Ⅶ
从布尔到豪斯道夫——布尔方程与格论漫谈	2013－10	198.00	Ⅷ
从开普勒到阿诺德——三体问题的历史	2014－05	298.00	Ⅸ
从华林到华罗庚——华林问题的历史	2013－10	298.00	Ⅹ

刘培杰数学工作室
已出版(即将出版)图书目录——初等数学

书　名	出版时间	定　价	编号
美国高中数学竞赛五十讲.第1卷(英文)	2014－08	28.00	357
美国高中数学竞赛五十讲.第2卷(英文)	2014－08	28.00	358
美国高中数学竞赛五十讲.第3卷(英文)	2014－09	28.00	359
美国高中数学竞赛五十讲.第4卷(英文)	2014－09	28.00	360
美国高中数学竞赛五十讲.第5卷(英文)	2014－10	28.00	361
美国高中数学竞赛五十讲.第6卷(英文)	2014－11	28.00	362
美国高中数学竞赛五十讲.第7卷(英文)	2014－12	28.00	363
美国高中数学竞赛五十讲.第8卷(英文)	2015－01	28.00	364
美国高中数学竞赛五十讲.第9卷(英文)	2015－01	28.00	365
美国高中数学竞赛五十讲.第10卷(英文)	2015－02	38.00	366
三角函数	2014－01	38.00	311
不等式	2014－01	38.00	312
数列	2014－01	38.00	313
方程	2014－01	28.00	314
排列和组合	2014－01	28.00	315
极限与导数	2014－01	28.00	316
向量	2014－09	38.00	317
复数及其应用	2014－08	28.00	318
函数	2014－01	38.00	319
集合	即将出版		320
直线与平面	2014－01	28.00	321
立体几何	2014－04	28.00	322
解三角形	即将出版		323
直线与圆	2014－01	28.00	324
圆锥曲线	2014－01	38.00	325
解题通法(一)	2014－07	38.00	326
解题通法(二)	2014－07	38.00	327
解题通法(三)	2014－05	38.00	328
概率与统计	2014－01	28.00	329
信息迁移与算法	即将出版		330
IMO 50年.第1卷(1959－1963)	2014－11	28.00	377
IMO 50年.第2卷(1964－1968)	2014－11	28.00	378
IMO 50年.第3卷(1969－1973)	2014－09	28.00	379
IMO 50年.第4卷(1974－1978)	2016－04	38.00	380
IMO 50年.第5卷(1979－1984)	2015－04	38.00	381
IMO 50年.第6卷(1985－1989)	2015－04	58.00	382
IMO 50年.第7卷(1990－1994)	2016－01	48.00	383
IMO 50年.第8卷(1995－1999)	2016－06	38.00	384
IMO 50年.第9卷(2000－2004)	2015－04	58.00	385
IMO 50年.第10卷(2005－2009)	2016－01	48.00	386
IMO 50年.第11卷(2010－2015)	2017－03	48.00	646

刘培杰数学工作室
已出版(即将出版)图书目录——初等数学

书 名	出版时间	定 价	编号
方程(第2版)	2017-04	38.00	624
三角函数(第2版)	2017-04	38.00	626
向量(第2版)	即将出版		627
立体几何(第2版)	2016-04	38.00	629
直线与圆(第2版)	2016-11	38.00	631
圆锥曲线(第2版)	2016-09	48.00	632
极限与导数(第2版)	2016-04	38.00	635
历届美国大学生数学竞赛试题集.第一卷(1938—1949)	2015-01	28.00	397
历届美国大学生数学竞赛试题集.第二卷(1950—1959)	2015-01	28.00	398
历届美国大学生数学竞赛试题集.第三卷(1960—1969)	2015-01	28.00	399
历届美国大学生数学竞赛试题集.第四卷(1970—1979)	2015-01	18.00	400
历届美国大学生数学竞赛试题集.第五卷(1980—1989)	2015-01	28.00	401
历届美国大学生数学竞赛试题集.第六卷(1990—1999)	2015-01	28.00	402
历届美国大学生数学竞赛试题集.第七卷(2000—2009)	2015-08	18.00	403
历届美国大学生数学竞赛试题集.第八卷(2010—2012)	2015-01	18.00	404
新课标高考数学创新题解题诀窍:总论	2014-09	28.00	372
新课标高考数学创新题解题诀窍:必修1~5分册	2014-08	38.00	373
新课标高考数学创新题解题诀窍:选修2-1,2-2,1-1,1-2分册	2014-09	38.00	374
新课标高考数学创新题解题诀窍:选修2-3,4-4,4-5分册	2014-09	18.00	375
全国重点大学自主招生英文数学试题全攻略:词汇卷	2015-07	48.00	410
全国重点大学自主招生英文数学试题全攻略:概念卷	2015-01	28.00	411
全国重点大学自主招生英文数学试题全攻略:文章选读卷(上)	2016-09	38.00	412
全国重点大学自主招生英文数学试题全攻略:文章选读卷(下)	2017-01	58.00	413
全国重点大学自主招生英文数学试题全攻略:试题卷	2015-07	38.00	414
全国重点大学自主招生英文数学试题全攻略:名著欣赏卷	2017-03	48.00	415
劳埃德数学趣题大全.题目卷.1:英文	2016-01	18.00	516
劳埃德数学趣题大全.题目卷.2:英文	2016-01	18.00	517
劳埃德数学趣题大全.题目卷.3:英文	2016-01	18.00	518
劳埃德数学趣题大全.题目卷.4:英文	2016-01	18.00	519
劳埃德数学趣题大全.题目卷.5:英文	2016-01	18.00	520
劳埃德数学趣题大全.答案卷:英文	2016-01	18.00	521
李成章教练奥数笔记.第1卷	2016-01	48.00	522
李成章教练奥数笔记.第2卷	2016-01	48.00	523
李成章教练奥数笔记.第3卷	2016-01	38.00	524
李成章教练奥数笔记.第4卷	2016-01	38.00	525
李成章教练奥数笔记.第5卷	2016-01	38.00	526
李成章教练奥数笔记.第6卷	2016-01	38.00	527
李成章教练奥数笔记.第7卷	2016-01	38.00	528
李成章教练奥数笔记.第8卷	2016-01	48.00	529
李成章教练奥数笔记.第9卷	2016-01	28.00	530

刘培杰数学工作室
已出版(即将出版)图书目录——初等数学

书　名	出版时间	定　价	编号
第19~23届"希望杯"全国数学邀请赛试题审题要津详细评注(初一版)	2014-03	28.00	333
第19~23届"希望杯"全国数学邀请赛试题审题要津详细评注(初二、初三版)	2014-03	38.00	334
第19~23届"希望杯"全国数学邀请赛试题审题要津详细评注(高一版)	2014-03	28.00	335
第19~23届"希望杯"全国数学邀请赛试题审题要津详细评注(高二版)	2014-03	38.00	336
第19~25届"希望杯"全国数学邀请赛试题审题要津详细评注(初一版)	2015-01	38.00	416
第19~25届"希望杯"全国数学邀请赛试题审题要津详细评注(初二、初三版)	2015-01	58.00	417
第19~25届"希望杯"全国数学邀请赛试题审题要津详细评注(高一版)	2015-01	48.00	418
第19~25届"希望杯"全国数学邀请赛试题审题要津详细评注(高二版)	2015-01	48.00	419
物理奥林匹克竞赛大题典——力学卷	2014-11	48.00	405
物理奥林匹克竞赛大题典——热学卷	2014-04	28.00	339
物理奥林匹克竞赛大题典——电磁学卷	2015-07	48.00	406
物理奥林匹克竞赛大题典——光学与近代物理卷	2014-06	28.00	345
历届中国东南地区数学奥林匹克试题集(2004~2012)	2014-06	18.00	346
历届中国西部地区数学奥林匹克试题集(2001~2012)	2014-07	18.00	347
历届中国女子数学奥林匹克试题集(2002~2012)	2014-08	18.00	348
数学奥林匹克在中国	2014-06	98.00	344
数学奥林匹克问题集	2014-01	38.00	267
数学奥林匹克不等式散论	2010-06	38.00	124
数学奥林匹克不等式欣赏	2011-09	38.00	138
数学奥林匹克超级题库(初中卷上)	2010-01	58.00	66
数学奥林匹克不等式证明方法和技巧(上、下)	2011-08	158.00	134,135
他们学什么:原民主德国中学数学课本	2016-09	38.00	658
他们学什么:英国中学数学课本	2016-09	38.00	659
他们学什么:法国中学数学课本.1	2016-09	38.00	660
他们学什么:法国中学数学课本.2	2016-09	28.00	661
他们学什么:法国中学数学课本.3	2016-09	38.00	662
他们学什么:苏联中学数学课本	2016-09	28.00	679
高中数学题典——集合与简易逻辑·函数	2016-07	48.00	647
高中数学题典——导数	2016-07	48.00	648
高中数学题典——三角函数·平面向量	2016-07	48.00	649
高中数学题典——数列	2016-07	58.00	650
高中数学题典——不等式·推理与证明	2016-07	38.00	651
高中数学题典——立体几何	2016-07	48.00	652
高中数学题典——平面解析几何	2016-07	78.00	653
高中数学题典——计数原理·统计·概率·复数	2016-07	48.00	654
高中数学题典——算法·平面几何·初等数论·组合数学·其他	2016-07	68.00	655

刘培杰数学工作室
已出版(即将出版)图书目录——初等数学

书　　名	出版时间	定　价	编号
台湾地区奥林匹克数学竞赛试题.小学一年级	2017－03	38.00	722
台湾地区奥林匹克数学竞赛试题.小学二年级	2017－03	38.00	723
台湾地区奥林匹克数学竞赛试题.小学三年级	2017－03	38.00	724
台湾地区奥林匹克数学竞赛试题.小学四年级	2017－03	38.00	725
台湾地区奥林匹克数学竞赛试题.小学五年级	2017－03	38.00	726
台湾地区奥林匹克数学竞赛试题.小学六年级	2017－03	38.00	727
台湾地区奥林匹克数学竞赛试题.初中一年级	2017－03	38.00	728
台湾地区奥林匹克数学竞赛试题.初中二年级	2017－03	38.00	729
台湾地区奥林匹克数学竞赛试题.初中三年级	2017－03	28.00	730
不等式证题法	2017－04	28.00	747
平面几何培优教程	即将出版		748
奥数鼎级培优教程.高一分册	即将出版		749
奥数鼎级培优教程.高二分册	即将出版		750
高中数学竞赛冲刺宝典	即将出版		751
初中尖子生数学超级题典.实数	2017－07	58.00	792
初中尖子生数学超级题典.式、方程与不等式	2017－08	58.00	793
初中尖子生数学超级题典.圆、面积	2017－08	38.00	794
初中尖子生数学超级题典.函数、逻辑推理	2017－08	48.00	795
初中尖子生数学超级题典.角、线段、三角形与多边形	2017－07	58.00	796
数学王子——高斯	2018－01	48.00	858
坎坷奇星——阿贝尔	2018－01	48.00	859
闪烁奇星——伽罗瓦	2018－01	58.00	860
无穷统帅——康托尔	2018－01	48.00	861
科学公主——柯瓦列夫斯卡娅	2018－01	48.00	862
抽象代数之母——埃米·诺特	2018－01	48.00	863
电脑先驱——图灵	2018－01	58.00	864
昔日神童——维纳	2018－01	48.00	865
数坛怪侠——爱尔特希	2018－01	68.00	866

联系地址:哈尔滨市南岗区复华四道街 10 号　哈尔滨工业大学出版社刘培杰数学工作室
网　　址:http://lpj.hit.edu.cn/
邮　　编:150006
联系电话:0451－86281378　　13904613167
E-mail:lpj1378@163.com